Gunhild Thalheim
Ohne Wasser läuft nix!

CONNI
FIONA
FINN
JLKA
FABIAN

Gunhild Thalheim

Ohne Wasser läuft nix!

Rediroma-Verlag

Bibliografische Information der Deutschen Nationalbibliothek:
Die Deutsche Nationalbibliothek verzeichnet diese Publikation in der Deutschen Nationalbibliografie; detaillierte bibliografische Daten sind im Internet über http://dnb.ddb.de abrufbar.

ISBN 978-3-96103-356-0

Umschlagillustration: Gunhild Thalheim

www.rediroma-verlag.de
8,95 Euro (D)

INHALT

1. Kapitel: Finn-Geburtstag mit zwei R

Hey, du! Da bin ich wieder. Ja, genau! Der Finn. Der Finn Wellner aus dem Kuhdorf mitten in Deutschland. Diesmal ist kein OHNE-STROM-TAG. Dafür ist Geburtstag. Finn-Geburtstag, logisch.

Ein MIT-REGEN-GEBURTSTAG. Regen ist wichtig, sagst du? Klaro, ist fast so wichtig wie Strom. Weiß auch jeder kleine Pupser. Aber nicht genau am Finn-Geburtstag! Schon überhaupt nicht an meinem ersten RUNDEN! Die Runden sind bei uns die Extra-Geburtstage, - wegen der Null. So wie der von unserem Papa mit der Vier vorne am OHNE-STROM-SONNTAG. Meiner ist zwar nur mit einer Eins vorne, aber ´ne Superfete will ich trotzdem. Logisch!

Weil nämlich an meinem Geburtstag seit Ewigkeiten das Megasommerwetter ist, gibt es ein Gartenfest. So eins mit In-Zelten-Schlafen und vorher Lagerfeuer und so. Für mich ist sonnenklar: Am 13. Juli ist DAS Supersuperwetter. Es war besser gesagt sonnenklar. Tja, du ahnst das schon? Nix war nämlich klar!

Punkt 5:15 Radiowecker sitze ich, der Geburtstags-Finn, senkrecht vor meinem zerknautschten Kopfkissen. Ich habe geträumt. Muss mir die Augen reiben, um sie aufzukriegen. Da ist eben ein Kater gewesen. Auf meinen Arm wollte er und schaute mich an aus großen gelben Katzenaugen. Ich streichelte seine schwarzen Ohren und das schmuseweiche Fell. „Bleibst du beim Finn?“, habe ich ihn gefragt.

„Was denkst du denn!“ Der Kleine hat geschnurrt. „Klar bleibt Kito bei dir, Finn.“ Nee, das habe ich mir bloß eingebildet. Seit wann redet ein Kater mit mir? „Sag das noch mal, Kerlchen. Wie heißt du eigentlich?“ - „Kito! Hörst du schlecht, Finn?“ Aha! KITO heißt er. Lustiger Name. Für einen Kater. Mit einem Satz hüpfte dieser Kito von meinem Arm und löste sich in Luft auf, sozusagen. „Kito! Bleib hier!“ Ich finde mich in meinem Bett wieder, vor meinem zerknautschten Kopfkissen. Upps! Ist heute nicht der Dreizehnte?? Hallo, Erde an Finn! Klingeling! Äh, Geburtstag, der Knallrunde? Der mit dem Gartenfest der Superlative! Fix bin ich hellwach. „Guten Morgen, liebe Sonne, bist du auch so früh schon wach?“, summe ich.

Eigentlich müsste sie längst aufgehen, drüben im Osten, über den Hügeln.

Ich schiebe mich aus dem Bett, tappe zum Fenster. Hä? Ist die Fensterscheibe etwa NASS??? Sind das TROPFEN, die da runterlaufen? Nee, Jungs, das geht aber jetzt wirklich so was von gar nicht. Verschwindet! Aber bisschen plötzlich! Äh, das muss ja wohl REGEN sein. Echter deutscher Sommer-Landregen? Nicht bloß so Geniesel, das gleich wieder aufhört? Weil in genau zwei Minuten die Sonne mir mitten ins Geburtstagsgesicht scheint. Hallo, es ist exakt 5:33, du Sonne. Bis 5:43 gebe ich dir Zeit. Die Sonne grinst sich eins und verkriecht sich noch tiefer in ihr Wolkenbett. Wäääh, sind diese Wolken grau! Tiefstes graues Dunkelgrau. War nachts Gewitter? Muss wohl. Ich hab fest geschlafen, nix donnern gehört. Geträumt hab ich. Von … He, Moment mal! Wo ist der hin? Eben war da noch dieser kleine schwarze Kater. Mit so ′nem ulkigen

Namen. Was mit KI vorne. `Kino? Kiwi? Kilo? Kiki? Kito?´ Stimmt! KITO! Ich sehe das schwarze Schnäuzchen vor mir.

„Wo bist du, Kito?“ Ich krieche zurück unter meine noch kuschelwarme Bettdecke. Ist mir zu grau und nass vorm Fenster. Wenn ich nachher wachwerde, will ich nix mehr anderes sehen als dich, du Strahlesonne! Kapiert?

Jemand tupft auf meine Nase. „Häbbiiie bööhsdää, Finn mit der Null!“ Ich reiße die Augen auf. Neben meinem rechten Ohr strahlen tiefblaue Kulleraugen. „Äh, Krümel, Danke!“ Ich sitze vor meinem jetzt restlos zerknautschten Kopfkissen. Kleine Fingerchen halten mir eine Margeritenblüte vor die Nase. „Hab sie auf der Wiese gepflückt. Ist für dich, Finn.“ Aha. Typisch Ilka-Schätzchen. „Lieb von dir, Kleines! Danke!“ Ich schiebe die Füße über die Bettkante. Uff! 7:33! War ´s gerade erst 5:33?? Mega peinlich! Voll verpennt! Am Geburtstag!! Mit Ilka im Schlepptau torkle ich zum Waschbecken. Vier Hände kaltes Wasser reichen. „Komme gleich. Kannst Mamsi sagen, bin in einer Minute unten.“ Ilka-Schätzchen tapst die Treppe runter.

Ich muss eilig Pippi, und nix wie in die Klamotten! Oh nee, das kann ´s nicht geben! Nullkommanull Sonne. Auch vorm Badezimmerfenster leuchtet nix hell. Genau zwei Stunden Zeit habe ich dir gegeben, Sonne. Und was machst du? Das ist jetzt nicht dein Ernst? Nicht am Geburtstag! Ich schleiche die Treppe runter wie ein eben zu hundert Jahren Zwangsarbeit Verurteilter.

Fünf Grinsegesichter ersetzen alle Sonnenstrahlen der Welt. „Alles Gute zum runden Geburtstag, lieber Fihiinn!“ Ich bemühe mich um mein Putzeimerstrahlen. Klappt wohl weniger gut?

„Zieh nicht so ′n Trauergesicht, Brüderchen.“ Fiona klopft mir auf die Schulter. „Am Geburtstag, Manno! Siehst aus wie ′n Saure-Gurken-Topf“, mault Fabi-Nervensäge. Mama zieht mich in ihre Mamsi-Arme. „Lass dir gratulieren zur ersten Null, mein Großer.“ Uppsi, sie lacht wahrhaftig. Okay, wenn die Sonne schon nicht lacht. Genau, die macht immer noch nix. Auch vorm Küchenfenster Hundertprozent Dunkelgrau. „War Gewitter?“ Ich krächze gegen den Klops hinter meiner Zunge an.

„Sieht eher nach Dauerregen aus. Trotzdem herzlichen Glückwunsch, Cousin.“ Conni streckt mir seine rechte Handfläche hin. Ich schlage ein, statt meinem Lieblingscousin eine in seine breite Grinse zu klatschen. Hat dieser Wetteransager nix als Mist erzählt gestern Abend? Ich greife auf den Tisch nach Mamas Smartphone, tippe WETTER an, starre aufs Display. „So was von verflixter Stinkerkäse!“, nuschle ich. Stark bewölkt. Mittags 14 bis 16 Grad. Schauer.

Ich lasse mich auf die Eckbank plumpsen. Guckt es ruhig mitleidig an, euer armes Finnchen. „Tja, was machen wir jetzt?“, platze ich raus. Mitten rein in die jetzt kein bisschen mehr Strahlegesichter.

„Finn-Geburtstag mit Wasser von oben. Pech aber auch, hihi!“ Halt die Klappe, Zwerg! Nee, das denke ich aber nur. Anschreien ist bei Wellners verboten am Geburtstag. Nicht mal Nervibrüder. Ich kneife fest in meinen linken Daumen. He, Finn, bloß nicht flennen! Wie ′n albernes Baby!

„Regenprogramm?“ Conni guckt unsere Mutter an. Die nickt. Nickt einfach, als wäre Dauerregen nix Weltbewegendes, erst recht nicht an meinem Runden.

„Vielleicht hört er bald auf? Komm an mein stolzes Vaterherz, du Zehnjähriger!“ Paps, morgenverstrubbelt, steht an der Tür. Ich werfe mich in seine offenen Papsi-Arme. Da hilft kein Daumenkneifen. „Meine Supergartenparty!“ Ich schluchze in Papas Sweatshirt. „Was, schnief, machen … schnüffel, … wir jetzt, Papsi?“ - „Gute Frage, Finn.“

Ich lande wieder auf der Eckbank. „Wir halten erst mal Kriegsrat, okay?“ Den halten wir. Lautstark bei sieben Meinungen. Ist ja eher ′ne Art REGEN-RAT. Der runde Finn darf als Erster sagen, wie er ′s gerne hätte. Falls die Sonne sich den ganzen Tag nicht mehr raustraut hinter den dunklen Wolken. Tja, äh, … Ahnung nullkommanull. Euer Zehnjähriger ist auf Sonne eingestellt. „Verschieben wir die Party?“ Ich schlucke heftig. „Na, so ′n Käse!“ Fiona schüttelt ihre Locken. „Soll die Sonne uns doch gestohlen bleiben!“

„Des passt scho!“ Conni grinst sein cooles Münchner Grinsen. „Machen wir ′ne Regengaudi. Tanzen unterm Schirm. Schwimmen in den Pfützen, gell.“ Alle lachen über den Conni-Schmarrn, - bis auf den Zehnjährigen.

„AQUA-PARK!“ Fabian lässt das Zauberwort auf der Zunge zergehen wie einen Haps Schokoriegel. Die grauen Augen blitzen. „Super! Alle Mann ins Auto und rein ins Wasser!“ Fiona klatscht begeistert. Ilka macht es ihr nach. Perfekt! Das isses! Danke, Kurzer! Macht hundertfünfzig Extrapunkte. Ich schlucke, diesmal eher erleichtert. Schaffe sogar ein Finn-Minigrinsen.

„Im Wellenbad ist es uns wurscht, ob draußen gemeines Wolkengrau Finns ersten Runden vermiesen will“, freut sich unsere Mutter. „Hinterher Kino, ja?“ Fiona kichert vergnügt. „Leute, das wird der Mega-Finn-Runde!“

„Warum heißt ´n der AQUA PARK?“, überlegt Fabian. „AQUA ist Wasser in Italienisch“, weiß Fiona. „Und auf Latein“, weiß Conni-Schlaukopf es besser. Mama nickt: „Stimmt beides. Weil Latein früher die alte Sprache war, vor dem Italienisch.“ Ach so! AQUA MINERALE fällt mir ein, auf ´ner grünen Wasserflasche. Stinknormales Mineralwasser also. „Wasserpark, hihi“, kichert Fabian los. „Park voller Wasser, gell?“ Ilka strahlt. Fabian dichtet: „Wasser im Park! Is affenstark!“

Absolut, ihr Zwerge! Und genau deswegen fahren wir da hin. Gleich nämlich nach Finns Geburtstagsfrühstück, gell? Sonne, du kannst uns mal! Wir machen HAPPY-REGEN-PROGRAMM!!

„Und die Uschi-Oma und der Opa?“, fragt Ilka zaghaft. „Die bestellen wir gleich mal um in diesen affenstarken Wasserpark“, bestimmt Mama. „Das ist null Problem für die beiden. Jetzt alle Mann ran! Geburtstagsfrühstück und Geschenkeauspacken, lieber Finn!“ Ich entdecke meinen Mama-Spezial-Nusskuchen mit den zehn kleinen bunten Kerzen vorm Finn-Teller. Drumherum die Blümchengirlande. Der Geburtstags-Finn muss die Augen zukneifen, während Mama die Kerzen anzündet. Jeder darf seinen guten Wunsch für mich dazu sagen. „Sakrisch! Zehn gute Wünsche! Wenn die alle in Erfüllung gehen!“ Conni seufzt. Wünscht mir einen wahnsinnsnetten Lehrer in der neuen Schule. Ich blinzle ihm mal fix zu. Gibt es so einen Lehrer überhaupt? Na, abwarten, lieber Cousin!

Mein Geburtstagslied darf ich auch noch überstehen. Ilka setzt sich durch mit: „Wie schön, dass du geboren bist …“ Ich muss kichern. Klaro! Wie alt würdet ihr sonst alle aussehen ohne euren lieben runden Finn!

Heute schmeckt mir direkt Mamas Schinkenrührei statt Schokoflakes. Conni mit seinem sonst ewigen Fünfminuten-Ei haut rein wie nur. „Du, Finn, Wellenbad, das ist die Lösung, gell?“, schmatzt er mit vollen Rühreibacken. Sieht der Finn inzwischen genauso. Falls, - na, eventuell, - später der Himmel wieder blau wäre, da könnten wir ja immer noch … Ach, Finn, träum schön weiter! Pack lieber deine Geschenke endlich aus. „Bist du heute gar nicht neugierig, Finn?“ Ja, unsere Mutter kann Gedanken lesen. Neugierig? Logisch. Und dann total happy über mein neues Schlauchboot. Himmelblau! Für den coolen Campingurlaub.

Nächste Woche. An unserem Eulensee.

Du kennst das? Du freust dich wie verrückt auf was ganz Besonderes, und - `Haha!´ - macht das Wetter. Zuerst war ich stinkig, hoch zweitausend mindestens. Aber Schwimmbad ist hammermäßig! Warum müssen wir jedes Mal so weit fahren bis ans Meer? Das wär ´s doch heute gewesen. Aber fast fünf Stunden nach Norden und noch länger nach Süden, nee. Die Eltern von unserer Mutter haben es gut da oben auf ihrer Nordseeinsel. Nix als salziges Meerwasser rundherum. Bist du eigentlich auch so ´ne Wasserratte? Sind wir Wellners nämlich alle.

2. Kapitel: Wow! Ein Kätzchen, Finn!

Vom Toben im Meersalz-Aqua können wir nicht genug kriegen. Die Uschi-Oma hüpft immer als erste wieder ins große Becken, sobald neue Wellen angesagt werden. Pünktlich jede halbe Stunde geht es los. Mit Ilka und Fabi hopst sie dagegen an. Alle drei quietschen vor Vergnügen, wenn sie aus einer extrahohen Welle auftauchen. Conni, Fiona und der Finn sind mehr für die ewig langen Wasserrutschen. In der längsten ist es nachtrabenduster.

Kreischend flutschen wir raus ins Helle. Husch, wieder nach oben und eintauchen in die Finsternis. Am coolsten findet Conni es auf dem Bauch. Ich find `s im Dreier mit lautem `Yeah!! und Jippiiieh!!!´ Durch einen Tunnel schwimmen wir zwischendurch ins Outdoorbecken. Dicke Tropfen klatschen uns auf die nassen Haare. Du, Regen, ich bin dir nicht mehr böse! Wir tauchen deinen Tropfen einfach weg, haha! Ich fühle mich riesig wie ewig nicht. Gerade sind auch die anderen aus dem Indoorbecken draußen gelandet.

„Schade, Conni und Ilka, weil eure Eltern ausgerechnet heute keine Zeit haben“, bedauert Papa. „Mami und Papi sind verreist“, sagt Ilka wichtig und wischt sich die Haare aus dem Gesicht. Jetzt muss sie unbedingt noch mal in die tolle Erlebnisgrotte. Komisch, unsere Kleine! Zuerst wollte sie nur mit hartnäckigem Zureden von der Uschi-Oma und Fabian in die soo gruselige Höhle. Inzwischen hat sie da drin jede Menge Gaudi, gell? Versteh mir einer die Münchner!

Wieso ist plötzlich Mittag? „Weg isser, der Vormittag. Einfach so“, stellt Fabian verwundert fest. „Ich hab Hunger wie der große Löwe, Omalein.“ Das Stichwort für uns alle. Unter Palmen schmeckt die Pizza irgendwie nach Ferien in der Südsee. „Häbbiie bööhsdäh, Finn!“, kichert Ilka mir ins Ohr. Klar, Mäuschen. Der Finn ist echt häbbiiiee! Schiss auf die Sonne! Die brauche ich heute gar nicht. Oh, hallo, das scheint der Sonne nicht zu gefallen. Aus lauter Trotz schiebt sie sich vor die Wolken und schickt ein paar freche Strahlen durch die Glaskuppel, mitten in mein zehnjähriges Gesicht. „Die Sonne! Die Sonne! Sie kommt, sie kommt, hurra!“, trällert Ilka. „Siehst du, Finn!“ Die Uschi-Oma lacht. „Petrus hat mir fest versprochen, er lässt es noch geburtstagsmäßig wunderschön werden, - extra für dich.“

He, klasse, unsere Großmutter hat einen direkten Draht nach oben. Meine Lieblingsschwester wäre lieber ins Kino gefahren. Sehe ich ihr an. Nee, Sonne ist Sonne! Jetzt, um Punkt 13:15, strahlt sie zwischen weißen Wolkenlücken. Regengrau ade! Schnell wird es fast zu warm. „Hast du sakrisch Schwein, Cousin!“ Conni grinst mich an. „Erst Wellen, dann Garten. Perfekt!“ Tja, der Finn mal wieder! In Windeseile ist das kleine Partyzelt auf den nassen Rasen gestellt. Lukas von nebenan taucht auf. Als Lagerfeuerexperte für die durchgeweichte Feuerstelle. „In zwei Stunden hat die Sonne das hier so weit trocken. Garantiert kriegen wir dein Geburtstagsfeuer in Gang. Das trockene Holz bleibt noch solange im Schuppen“, meint er.

Das Fußballmatch ist ohne Papas witzigen Bruder Hauke und die albernen Nachbarzwillinge heute eher nicht so der Brüller. Obwohl Dago rennt für drei und Torfrau Ilka jeden dritten Ball astrein hält. „He! Foul!“ Wütend zeigt Fiona auf Conni. Der hat ihr eben Beinchen gestellt, und sie landet auf dem Rasen. Aus Versehen. Hab ich genau im Blick!

„Blödes Kamel!“, schnauzt sie ihn an. „Selber, sorry!“ Conni guckt verlegen. Kann doch jedem passieren, oder? Schiri Opa hebt die Hand. „Aber hallo! Was gibt das jetzt? Merkt euch, euer blödes Kamel ist sogar äußerst klug. Bei seinen wochenlangen Wanderungen durch die allergrößte Wüstenhitze kommt es mit erstaunlich wenig Wasser aus. Ein Pferd muss zehnmal so viel trinken.“

Hätte ich nicht gedacht. Echt zehn Mal mehr? Na dann! Fiona und Conni klatschen DEAL. „Tooor!“, brüllt Fabian, weil Dago den Ball an der verdutzten Ilka vorbeikullert. Weiter geht ´s, Leute! Und endet 3: 3 unentschieden.

Danach hocke ich mich auf die Schaukel. Gleich will Ilka auch drauf. Logisch. Okay, Schätzchen! Heute ist der Finn mal Kavalier. Ich gebe ihr Anschwung. Auf einmal zieht sie die Augenbrauen hoch. „Du, schau, da is was, Finn!“ Sie rutscht von der Schaukel, macht drei Schritte auf die Büsche zu. Vorm Zaun ist was. Etwas Kleines, Dunkles. „Lass mich gucken, Ilka!“ Langsam schleiche ich mich an. Das kleine Ding haut nicht ab. Auf allen Vieren krieche ich näher, spüre Ilka dicht hinter mir. „Wow! Ne Katze! Guck, Ilka!“ Meine Stimme wird zum Flüstern.

Wir starren uns gegenseitig an, das schwarze Tierchen und wir neugierigen Kids. „Komm! Komm her, du!“, lockt das süße Ilka-Stimmchen. „Komm zu Ilka, Kleine!“ Ich halte die Luft an. Zögernd schnuppert Kätzchen an ausgestreckten Fingerchen. Ilkas Geruch mag sie wohl? Sie lässt sich von ihr streicheln, rennt nicht weg! „Bist du süüüüß, Katzilein!“, piepst Ilka. Als hätte die Kleine es verstanden, schnurrt sie mit erhobenem Schwänzchen näher. Sie schnüffelt meine nackten Beine ab. „Schau, dich mag sie auch, Finn.“ Ilka seufzt glücklich. „Warum soll sie nicht?“, frage ich.

„Weil … sie kennt dich nicht“, sagt Ilka ernsthaft.

„Ach nee, aber dich kennt sie, was? Haha!“

Die Katze mag uns anscheinend beide. Sie tappt hinter uns her. Rollt sich neben meinen Füßen auf den Rücken. Das Schwänzchen zuckt. Heißt das, Bäuchlein streicheln? Vier zärtliche Kinderhände scheinen ihr sehr zu gefallen. „So schmusig“, stellt Ilka fest. „Schmuseweich, ja. Weil mit Perwoll gewaschen.“ Ich muss lachen bei der Idee.

„Doofi!“ Ilka stupst mich an. Ich kullere rückwärts ins Gras. Weiche Pfötchen landen auf meiner Brust. Kichernd rapple ich mich hoch, setze Kätzchen auf meine Knie. „Hübsch bist du. Wo kommste eigentlich her, Winzling?“ „Miau!“ - Aha. „Und wo genau ist Miau?“ - „Miau, Miiiauuu!“ Hm, muss ich nicht kennen, oder?

„Hast du kein Frauli oder Herrli, Katzikatz?“ Ilka runzelt die Stirn. „Bist ausgerissen, du Schlingel, gell?“ Aber von wo? Dich hab ich hier noch nie gesehen, du süßes Kätzchen. Ich bin mir nicht sicher.

„Fihinn! Ilkaa! Wo seid ihr?“ Hinter uns erscheint Fiona. Ihre Augen werden rund. „Wer - ist das denn?“ - „Miau!“, lacht Ilka. - „Seh ich selber.“ Fiona kniet sich zu uns. „Wem gehört die?“ - „Bin ich Hellseher? Sie sagt, sie kommt von Miau“, grinse ich. - „Vollpfosten!“ Meine Schwester drückt das zierliche Fellbündel zärtlich an sich.

„Die ist noch jung, glaub ich. Kommt, wir zeigen sie Mamsi."

Wir trotten ihr hinterher bis in die Küche. Mama lässt die Salatschüssel stehen und nimmt Fiona das Tierchen ab.

„So ein goldiges Ding", flüstert sie. „Wie hübsch ist sie gezeichnet mit den weißen Flecken im schwarzen Fell."

Ich tupfe auf das rosige Schnäuzchen. „Die hat keine Angst, Mamsi. Mit der kannste total normal reden."

Mama untersucht das Katzenbäuchlein. „Bist ein Bübchen, stimmt`s?" - „Miau!" Heißt wohl ja? Auch Papa meint, Kätzchen sei sicherlich ein Kater. Na und? Hauptsache süüüß und perwollweich! „Wo gehört er hin?", möchte Mama wissen. „Wissen wir nicht. Bist weggelaufen, gell?" Ilkas Blauaugen zwinkern dem Kleinen zu.

Mama entdeckt das Minilederherz am gelben Katzenhalsband zuerst. „Man kann es öffnen", stellt sie fest. „Halt still, du Tierchen!" Mit zusammengekniffenen Augen buchstabiert sie langsam: „Qu-i-t-o. Quito? Heißt du so?"

„Spanisch klingt das." Conni steht plötzlich hinter mir. „Kommst du etwa aus Spanien, Kleiner?", fragt Fiona.

„In Südamerika reden die Leute auch so." Conni weiß halt alles. Ach ja! Woher kommt Katerchen mit dem spanischen Namen nun wirklich?

„Quito!" Mama lässt den Namen über ihre Zunge rollen. Fiona überlegt: „Ist das nicht ´ne Hauptstadt von irgendwo da unten?" Conni kennt auch das: „Von Ecuador." Muss ich das wissen? Jetzt vergesse ich ´s nie mehr. E-CU-A-DOR, schreibe ich mir in mein Merkzentrum. Kommst du da vielleicht her, Kleiner? Kann er mir aber nicht sagen, logisch!

„Kito! Kito!", jubelt Ilka. „Richtig, Süße. Das QU wird wie unser K ausgesprochen." Aber hallo! Klingeling! Erde an Finn mal wieder! Da war doch so ein K-Name: Kino, Kiwi, Kilo, … Wo hab ich den gehört? „Den Namen kenn ich irgendwoher!“, platze ich raus. Mein Herz hämmert. „Träum schön weiter, du Zehnjähriger!“ Conni tippt mir an die Stirn. Das isses! Träum schön! „Danke, Conni!“

„Hä? Wofür?“ Mein Cousin guckt so wie das berühmte Auto. „Für den Traum. Heute Nacht hab ich davon, also von Kito, geträumt.“ Fünf reichlich verblüffte Gesichter.

„Was du träumst in der Nacht zum Geburtstag, Finn, das geht in Erfüllung.“ Die Uschi-Oma ist vom Mittagsschlaf erwacht und beugt sich neugierig zum Kätzchen, das ein Quito-Kater sein soll. „Stimmt das, Omalein? Wirklich?“

Ilkas Kulleraugen sind vor Aufregung riesig. „Der Finn hat den Kito hergezaubert, gell?“

Fiona und Conni prusten los. Ich laufe knallrot an, weil ich es nicht schaffe, meinen Lachkoller runterzuschlucken. Finn, der Traumzauberer, hahaha! Die Omama schaut uns vorwurfsvoll an. „Es stimmt wirklich!“ Ihre Stimme klingt energisch. „Oder wieso taucht dieses putzige Kätzchen ausgerechnet heute hier auf, und ausgerechnet unser Finn muss es finden? Stimmt doch?“ Ich nicke verwirrt. „Äh, Ilka und ich. Gerade eben. Da drüben am Zaun.“

„Natürlich“, mischt sich jetzt Opa ein und lächelt seiner Uschi zu. „Eurer lieben Oma dürft ihr ruhig jedes Wort glauben.“ Er grinst mich listig an. Manno, Finn! Voll reingefallen!

Ich schlucke mal wieder an einem Kloß. Mein Traumkater hieß halt so: Kito. Basta! Ob man das mit K oder Qu schreibt oder Peng! Dieser Mini-Kito-Quito blinzelt und räkelt sich auf Mamas Armen. Er scheint sich da sauwohl zu fühlen. Äh, - katerwohl!

„Was machen wir denn mit dir, du kleiner Quito?“ Papa hält seinen Zeigefinger vor das rosige Näschen. „Autsch, du frecher Racker! Hast du spitze Beißerchen!“

„Scharfe Krallen hast du auch, ja?“ Mama greift behutsam nach einer winzigen Vorderpfote. „Die brauchst du noch nicht, so gut, wie es dir hier geht“, meint die Uschi-Oma. „Und nun sagst du uns bitte endlich mal genau, wo du Kleiner hingehörst.“

Mein Kloß im Hals wird dicker. Gehört dieser Kito-Quito jetzt nicht dem Geburtstags-Finn? Unsere Mutter deutet meinen verzweifelten Blick richtig: „Vielleicht kann er ja bei uns bleiben?“

„Au ja! Fein! Hierbleiben!“ Ilka hopst durch die Küche wie ein aufgezogener Gummiball. „Mal langsam, Kinder!“, bremst Papa. „Zuerst müssen wir rausfinden, ob jemand ihn sucht. Macht euch da mal vorläufig keine Hoffnung.“ Dabei schaut er mir in die Augen. In meinem Magen kneift es. „Bitte-bitte, lass keinen den Kito suchen!“, murmle ich durch zusammengekniffene Lippen. Zu leise scheint Beten nicht zu wirken. Jemand sucht den Kater tatsächlich. Keine zehn Minuten später höre ich unseren Gong an der Haustür. Mama führt so einen Mann ins Wohnzimmer. Aber keinen aus unserem Dorf. Sie reden eine gefühlte Ewigkeit.

„Wer is ´n das eigentlich?“, fragt Fabian in die gespannte Stille. „Weiß ich ´s?“, knurre ich ihn an. Mir doch egal! Denkste, Finn! Nix egal! Der Mann kommt mit Mama auf uns zu und hat im Arm - den Kito! Meinen Kito! Ich fasse es nicht! Könnte laut losschreien. Was will dieser Typ?

Ich starre ihm grimmig entgegen. Lös dich in Luft auf, Mensch! Tut er aber nicht, klaro! Wäre ja auch zu einfach! Und noch mal: Denkste, Finn! Der Typ ist zwar das Kater-Herrchen. Aber: Er hat eine Bitte! Eine riesengroße, wie er das nennt. Okay, lass hören! Willst du Geld für deinen Quito mit Qu? Spinnst wohl!

Oh, der spinnt kein bisschen. Komm mal wieder runter, Finn Wellner! Dieser Typ ist gerade am Umziehen, mitten rein in die Stadt. Weg aus Ziegenhausen, diesem Kuhdorf neben unserem Kuhdorf. Von da ist nämlich das Katerchen ausgerissen. Hat es wohl geahnt und will nicht in diese doofe Stadt, wo du kein Tier halten darfst in der neuen Wohnung. Deswegen … Langsam atme ich wieder fast normal.

„Darf Quito hier bleiben? Bei uns?" Fionas Stimme höre ich wie durch dichten Nebel. Er darf!!! Manno, gibt ´s denn das?? Das gibt es! Und Finn hat sein tollstes, sein einmalig-genialstes Geburtstagsgeschenk! Ich falle dem Typ in die Arme, ohne nachzudenken. Peinlich? Nee, das muss jetzt sein! So wie der Finn sich freut! Das alte Quito-Herrchen drückt mich kurz. „Danke, mein Junge. Und alles Gute zum Geburtstag! Wie ich sehe, fühlt Quito sich bei euch auch schon gleich wie zu Hause."

Er verspricht uns, morgen seine Frau mit dem Katzenkorb, einem Sack Katzenstreu und den Futtervorräten herzuschicken. Der Minikater ist im Januar erst ein Jahr alt geworden, erfahren wir. Ausreichend geimpft ist er selbstverständlich. Und auch kastriert. Na, klingt doch super!

„Herzlich willkommen in deiner neuen Familie, kleiner Quito!", sagen unsere Eltern, vierstimmig mit Omama und Opa. „Nee, nee, willkommen bei deinem neuen Herrchen, mein Traum-Kito!", denke ich. „Fühl dich katerwohl beim Finn, mein Kleiner!"

„Vorm Lagerfeuer hat Katerchen großen Respekt", meint Opa-Katerexperte später. Quito liegt auf einem Gartenstuhl und beobachtet schläfrig seine neue Familie. Ilka will ihn mit ins Zelt schleppen, als wir müde vom langen Tag auf unsere Luftmatratzen kriechen. „Der kommt von allein, Mäuschen“, tröstet die Omama und zieht sich die Jacke an. Für unsere Großeltern wird es Zeit. Mit einem Blick zu den Wolken sagt Opa: „Lange bleibt ihr Helden sowieso nicht draußen.“ Sieht doch etwa nicht nach Gewitter aus??

„Ach, Vadder, wir kriegen hier keinen Tropfen ab. Das zieht alles hinter euch her.“ Bitte hab Recht, Papsi! Kennst dich aus mit Gewitterwolken. Oder auch nicht!

Fast bin ich eingeschlafen. Heftiges Zupfen an meinem Schlafsack. „Finn! Ein Blitz! Hab Angst!“ Blauaugen. Dahinter Fabians GLEICH-SCHREI-ICH-LOS-Gesicht.

„Wir woll´n rein!“ Ich blinzle kurz. „Fio, los, bring die Zwerge rein!“ Augen wieder fest zu. „Fio wird nich wach.“ Fabian-Jammerstimme. Was Weiches landet auf meinem Bauch. Ich fahre hoch. Hellwach. Ach, kleiner Quito! Bist auch so ´n Gewitterschisser? Ich zerre am Reißverschluss, krieche aus dem Warmen. „Alle ab ins Haus!“

Keinen Meter vorm Zelt landet was Nasses auf meinem Hinterkopf. Platsch! Noch mehr dicke Tropfen. Iiih! Die laufen mir in den Nacken. Ich stolpere über den schwarzen Winzling. „Miau-Miauuu!“ Sein schneeweißes Lätzchen leuchtet in der Dämmerung. Das Schnäuzchen fängt die Tropfen auf. Die rosa Zunge leckt nach ihnen. Aha! Regen magst du, Kleines. Das passt prima! Den Kater im rechten Arm, das heulende Ilka-Mäuschen an der linken Hand, hinter uns den zeternden Fabian, hasten wir zur Terrasse.

„Danke, Finn! Eben will ich euch holen“, empfängt uns Papa. „Marsch in eure Betten!“

Ein rummslauter Donner. Ohrenzuhalten und Heulen bei den Zwergen. Unsere Eltern tragen die beiden die Treppe rauf. Der Finn trägt seinen Traumkater, logisch! Mama verkneift sich ihren Kommentar, als sie fix nach mir guckt. Noch ist Geburtstag, bis Punkt 24:00! Am Geburtstag wird nicht gemeckert. Auch nicht, wenn der Traumkater auf dem Kopfkissen schlafen darf. In dieser Nacht träume ich da weiter, wo ich meinen Kito getroffen habe. Mit dem einen wichtigen Unterschied: Beim Aufwachen liegt er neben mir. In echt! Denkste, Finn! Dein Kater ist Frühaufsteher. Auch in den Ferien. Muss ich mich dran gewöhnen.

Das hättest du nicht gedacht, stimmt ´s? Hast du schon mal von was Tollem geträumt, und genau das war dann dein Mega-Geschenk? Der Oberhammer, sagst du? Tja, so ein Runder muss was Einmaliges sein. Bis zur nächsten Null volle zehn Jahre! Dauert ja ewig! Von was ich dann wohl träume? Von einem schwarzen Pferd? Ob ich das dann auch irgendwo bei uns im Garten finde? Und einfach so behalten darf?? Haha!

3. Kapitel: Augen wie goldener Bernstein

„Du schleichst dich ein in unsere Herzen, kleiner Quito. Im Nullkommanix“, stellt Mama am nächsten Abend fest. Von der ersten Sekunde an ist Kito-Quito der Familienchef. Noch vor Dago. Dem macht das nix aus. Er knurrt nicht, versucht nicht, nach dem Winzling zu schnappen, wenn der seinem vollen Futternapf zu nahe kommt. Eher neutral. „In ein paar Tagen haben die zwei sich zusammengerauft“, prophezeit Papa. Offiziell gehört Quito mir, - Finns Traumkater. Das kann er natürlich nicht wissen.

Bis Mittwoch sind Conni und Ilka unser Ferienbesuch. Papi Hauke und Mami Tina finden den neuen Wellner-Hausgenossen zum Fressen süß. Conni gibt sich einen Ruck: „Können wir, äh, also ich meine …“ - „Wir wollen auch ´n Kätzchen, gell?“, kommt Ilka ihm zu Hilfe.

Tina zieht sie auf ihren Schoß. „Auch so ein goldiges, gell? Das kann ich gut verstehen. Doch mitten in der Stadt wäre das ein sogenannter STUBENTIGER. Wollt ihr das?“

Conni stutzt: „Du meinst, der kann nie raus?“ Junge, bist du Ober-Schlaui da nicht selber drauf gekommen? „Hab nicht dran gedacht. Sorry!“ Erwartet er jetzt den Mega-Schreianfall seiner kleinen Schwester? Denkste, Conni! Sie zeigt ihm ihr Piepvögelchen. „Hab ich gewusst, Doofi. Will keinen Tiger in der Stube. Ich bleib hier bei Quito und beim Finn."

Fiona blinzelt mir zu. Jaja, die blitzgescheiten Münchner, gell?

„Kaum sind sie alle vier losgefahren, da fehlt es mir, das Plappermäulchen." Mama braucht trotzdem dringend eine Ilka-Pause, das sehe ich ihr an. „Nicht nur dir, Mamsi."

Ich schaue mich um nach meinem vierbeinigen Geburtstagsgeschenk. Quito hat es sich auf dem oberen Regalbrett gemütlich gemacht. Von da hat er alles direkt im Katerblick. „Wo sollst du eigentlich in Zukunft schlafen, Käterchen?", überlegt Mama. „In Ilkas Bett geht das nicht mehr."

„In ... meinem?", kann ich mir gerade rechtzeitig verkneifen. Tiere gehören überall hin, nur nicht in die Betten! Wichtige Regel bei Wellners. Feriengast Ilka und Neu-Mitbewohner Quito war das egal. Finn ist Einheimisch. Für den gilt das. Ohne Diskussion. Basta!

„Wozu hast du deinen Katzenkorb?" Fiona will meinen Kleinen vom Regal angeln. „Komm runter! Ich zeig dir dein Bett." Denkste! Mit einem eleganten Sprung ist der Kater durch die Tür entwischt. „Ich glaub, der lässt sich nicht fangen", lenke ich Fiona ab. „Er findet seinen Korb allein", sagt Mama. „Klaro, der is ja nich blöd!" Logo, Fabian muss auch seinen Senf dazugeben.

Nee, Kurzer, blöd ist mein Kater nicht, garantiert! Als ich am Donnerstag Punkt 7:57 im Schlafanzug in die Küche peile, zeigt Mama wortlos auf Dagos Hundedecke. Dicht an den Hundebauch gekuschelt, schläft der Kleine friedlich. Ein Katerauge geht kurz auf. „Alles paletti, Quito?", flüstere ich. „Schlaf weiter!" Genau zweieinhalb Minuten bleiben die Äuglein zu. Schon blitzen sie uns an, hellwach, unternehmungslustig. „Wie Bernstein." Mama hockt sich zu den beiden. Quito schnuppert an ihrem kleinen Finger, lutscht dran herum. „Der beißt!", will ich warnen. Tut mein Kater aber nicht. „Das war nur gestern bei Papsi." Mein Bruder tönt von der Tür her und reibt sich den Ferienschlaf weg. „Hat dir nich lecker geschmeckt, Papsis Stinkefinger, hihi."

„Bernstein? Wo?" Ach nee, Schlafmützenschwesterchen ist auch munter. Und das um Punkt 8:13! In den Ferien! „Seine Augenfarbe. Golden-braun. Ganz ähnlich wie mein Bernsteinanhänger", sagt Mama.

Fiona überlegt: „Findet man die nicht an der Ostsee?" Mama nickt. „Meistens im Sand versteckt. Wellen spülen sie an den Strand. Das GOLD DER MEERE nennen die Leute sie."

Jetzt überlegt auch Fabian: „Die sind sauteuer? Wie Gold, ja?" Mama lacht: „Nein! Nicht mal halb so teuer. Obwohl sie auch zu den Edelsteinen zählen." Sie macht ihre Halskette ab und hält den honigbraunen Anhänger gegen das Licht. „Quitos Augen sind ja eher goldengelb, Mamsi", sage ich. „Der Bernstein kann die unterschiedlichsten Färbungen zeigen. Von honiggolden und durchschimmernd über sonnengelb bis undurchsichtig braun oder weißlichgrau", erzählt Mama. Fiona fragt: „Sind nicht manchmal so Mini-Insekten da drin?" Hä? Echt? Wie sollen die da reingekommen sein?

„Das sind sogenannte Einschlüsse", weiß Mama. „Vor Jahrmillionen ist das flüssige Harz von Nadelbäumen fest geworden wie Stein…"

„Versteinert ist das", quatscht Fiona ihr dazwischen. „Stimmt genau. Dabei wurden diese winzigen Tierchen im

Harz eingeschlossen. Auch Bienen, Spinnen, Skorpione, sogar kleine Frösche.“ Uppsi! Und schon sooo alt sind die! Wir staunen die Halskette an.

„Ja, ururalt. Ich trage gerne Bernsteinschmuck“, sagt Mama. „Fühlt mal, wie glattgeschliffen der Stein ist. Bernsteinen sagt man eine besondere Ausstrahlung auf unseren Körper nach. Auf Babys sollen sie beruhigend wirken, wenn die Zähnchen durchkommen.“

„Der Dobby von Alina hat davon `ne Kette um.“ Fabian guckt Fiona kritisch an: „Wozu das? Ist doch ´n Hund.“ Mama lächelt: „Sogar Hunde und Katzen lässt man Bernsteinkettchen tragen. Tierhaare werden dadurch elektromagnetisch aufgeladen, habe ich in einem schlauen Buch über Hunde gelesen. Das soll fiese Zecken abschrecken. Flöhe mögen das angeblich auch nicht. Genauer kann ich euch das aber nicht sagen.“ Ach nee! „Dago braucht das nicht?“, fällt mir dazu ein.

Mama schüttelt den Kopf. „Sein kurzes Fell lockt die kleinen Biester weniger an als die dichten, wolligen Pudelhaare.“ Fiona widerspricht ihr: „Der Dobby ist kein Pudel. Der sieht nur so ähnlich aus.“ - „Was isser für einer?“, fragt Fabian. „Ein italienischer Wasserhund“, sagt Fiona stolz. Fabian fühlt sich verklapst: „Spaß, Mamsi, ja?“

Sie überlegt: „Ich meine, die Rasse gibt es wirklich.“ Sie klappt ihren Laptop auf. ITALIENISCHER WASSERHUND, lese ich über ihre Schulter. Lagotto Romagnolo. Italienischer Trüffelhund. Mittelalterliche Wasserhund-Rasse. Sehr klug, gelehrig, fröhlich und leicht zu erziehen. Und verliert garantiert keine Haare! „Hätten wir unsern Dago nicht, so einen wünschte ich mir“, seufzt Fiona laut, während wir Unmengen von mega-süüüüßen Hundefotos ansehen.

Mama schmunzelt: „Verstehe! Aber, liebe Tochter, quanta costa? Weißt du auch, wie teuer diese besondere Rasse ist?“ Wir schätzen so was von zu niedrig. Satte eintausendfünfhundert Euro, erinnert Mama sich. „Nee wirklich! So ´ne Riesenmenge Geld für einen einzigen Trüffelwasserhund!“ Jetzt seufze auch ich. Dein Herrchen hat ja dich, mein spanischer Quito. Ein Glück für geschenkt, - also für umsonst! Mama lenkt uns ab mit geschätzten tausend Fotos von Bernsteinen in supertollen Farben und Mustern, bei denen Fiona hundertfünfzigmal mindestens die Augen verdreht vor Entzücken. „Hat das Salzwasser die eigentlich so glatt geschliffen?“, will sie wissen. Nur zum Teil, erfahren wir. „Du denkst an die hübsch glatten Kieselsteine in den Gebirgsbächen, ja? Die hat tatsächlich die Natur so zurechtgezaubert. Das schafft das Meer mit dem Bernstein nicht. Den finden wir mit kleinen Ecken und Kanten, die müssen noch geschliffen und poliert werden. Für diesen wunderschönen Bernsteinschmuck gibt es extra geschickte Kunstschleifer.“

„Bestimmt ein schöner Beruf“, überlegt Fiona. Na super, Schwester! Kannste ja später mal werden, so ´ne berühmte Bernstein-Schmuck-Künstlerin!

„Du Mamsi, wenn der Quito bei uns auch ausreißen will?“ Fabian ist immer schnell bei einem neuen Thema. Aber hallo, Kurzer! Bring meinen Kater bloß nicht auf krumme Gedanken, Brüderchen! Warum sollte er mir weglaufen? „Ein richtiger Dorfkater muss stromern“, klärt Mama uns auf. „Nee, muss er nicht!“, protestiere ich. „Sonst kommt er an die Leine!“ Mama guckt mich groß an. „Ach ja? Und du wohl auch, mein Sohn? Eins merkt euch bitte gut: Ein Kater braucht seine Freiheit. Auch unser Quito darf nachts mal seine Mäuserunden drehen. Wir wünschen uns einen glücklichen Kater, keinen armseligen Stubentiger, oder?“

„Passt Dago auf?“, fragt Fabian. Mama lacht: „Ich denke, eher passt Ouito auf unsern Dago auf. Ich halte ihn für ein besonders neugieriges, intelligentes Tierchen, so winzig er ist. Nicht nur bildhübsch ist er mit den weißen Pfötchen und dem Stirnfleck.“ Ist ja auch meiner, denke ich und habe dieses zarte Kerlchen tierisch lieb. Hoch tausend, eher mehr! Nach noch nicht mal paar Tagen. Echt Wahnsinn!

Er mag sein neues Herrchen anscheinend auch. Seit Ilka ihn nicht mehr rumschleppen will, ist er bei mir wie ein Schatten. Sogar aufs Klo schleicht er mir oft hinterher. Wasserrauschen gefällt ihm. Ich setze ihn mitten ins Waschbecken, halte ihn mit links fest, drehe mit rechts den Hahn vorsichtig auf. Nur leicht. Quito schnappt nach dem feinen Strahl. Ich tupfe ein paar Tropfen auf seinen weißen Stirnfleck. Er hält still. Bist du ein Wasserkater, mein Kleiner? Haben eigentlich Katzen mit Wasser normal nix am Hut? Mal was gehört vom schwimmenden Kater? „He, Quito, das probieren wir nachher einfach aus. Wir fahren zum See. Okay für dich?“ „Miau! Miauuu!“ Goldbraunes Bernstein leuchtet auf.

Ich muss zuerst lernen, wann sein `Miau´ heißen soll: `Klar! Ist gebongt!´ Oder wann es eher `Nein, muss nicht sein!´ heißen soll. Dieses eben klang nach: `Geht in Ordnung, Finn-Herrchen!´ Eine kurze SMS an Tom. Er und Max kommen mit. Alles geritzt! Mama will nur nicht, wenn wir Kids allein draußen am See sind.

„Hast du dein Handy dabei?“, verabschiedet sie mich. „Klar doch! Handy, Dago, Quito. See you later, Mamsi!“ „Quito? Am See? Wozu das denn?“ Mama-Augen rollen. „Och, einfach so. Das mag er, wetten?“ Sag jetzt bloß nicht, mein Geburtstagskater soll hierbleiben! Sagt sie nicht. Sie wundert sich halt. Muss sie sich dran gewöhnen. Schließlich ist Quito Finns Kater, gell, Mamsi? Dago passt mit auf.

Wasserkater! Wasserhund! Gold der Meere! Was kommt da noch alles?? Konnte ich das ahnen bei Dauerregen zum runden Geburtstagmorgen? Du, das Wasserthema hat ´s in sich! Zweihundertpro mindestens, sag ich dir. Das glaubst du jetzt nicht? Tja, warten wir am besten mal ab, was da noch alles dazu kommt!

Jetzt mache ich noch ein paar schöne Fotos.

4. Kapitel: Katzen und Wasser? Wasserkater?

Quito geht es gut in Mamas altem Fahrradkorb. Jedenfalls hört sein `Miauuuu!´ sich so an. Max und Tom winken uns zu. Bellend läuft Dago ihnen entgegen. Tom macht nur kurz: „WOW! DEIN KÄTZCHEN, FINN?“, als er das schwarze Kerlchen im Korb sieht.

„Is das echt deiner?“ Max schaut ungläubig. „Wo haste den her?“ Ich hebe meinen Kleinen hoch, stelle ihn vor: „Geburtstagskater. Heißt Quito.“ Der schnuppert neugierig an den Jungenfingern. „Er mag euch beide, stimmt ´s, Quito?“ „Miauuuu!“ Ich übersetze es mit `Ist gebongt!´

„Voll süß is der. Is noch ´n junger?“ Tom streicht über das schwarze Fell. „Wächst du noch, du Mini?“

„Weiß nich. Kann sein. Er is ja noch nich mal zwei. Is uns zugelaufen, gestern.“ Die beiden starren mich an, dann meinen Kater. „Buff! Einfach so?“ Ich erzähle von Quitos altem Herrchen. „Manno, so ´n Glück möcht ich mal haben am Geburtstag!“ Max krault Dagos Kopf. „Und du, Alter? Machst Ärger mit dem Mini? Nee?“ Dago gibt brav die rechte Pfote. Damit ist alles klar.

Der EULENSEE wird von uns Einheimischen nur das LOCH-KIES genannt. Früher sind unsere Eltern mit der

Klasse hierher gegangen. Zum Unterrichtsgang ins alte Kieswerk. Riesige Berge von Steinen aller Größen wurden aus der Erde geholt. Gefördert über lange Förderbänder. An Wochenenden sind die Jungs von ganz oben runtergerutscht auf den hohen Steinbergen. War streng verboten und natürlich der Renner bei den Dorfkindern. Vier kleine Baggerlöcher-Teiche blieben übrig, als die Bagger irgendwann abzogen. Das Kieswerk gibt ´s schon längst nicht mehr. Ein ziemlich großer Baggersee ist später entstanden. Dieser Loch-Kies-EULENSEE mit dem neuen Campingplatz. Mittendrin im Loch-Kies eine kleine einsame Insel.

Auf Luftmatratzen und in Schlauchbooten haben wir sie erobert. Die Teenies zelten manchmal zwischen den hohen Büschen. Für uns ist das noch nix mit Übernachten. Also verboten. Auch Hinschwimmen ist zu gefährlich, warnen alle Eltern. Wir halten uns dran. Mitten in dem Loch-Kies lauert nämlich Papsis hinterlistiges Seeungeheuer. Natürlich etwas kleiner als das vom großen wilden LOCH NESS oben in Schottland, logisch. Trotzdem! Neugierige Kids sollten sich vor dem Monster besonders in Acht nehmen. Haha! Wer ´s glaubt, du gemeiner Papsi!

Am See ist heute schon bald der dicke Bär los. Toms Schwester Tine und mindestens sieben Leute aus ihrer Loch-Kies-Clique tummeln sich im Wasser. Ach nee, da sieht jemand aus wie meine Schwester. Was will die denn hier? Was wohl? Ihren süüüßen Sami-Prinzen treffen, wen sonst? Ich finde ihn voll klasse, auch wenn er sich fast nur auf Englisch unterhalten kann. Mit paar Brocken Deutsch. Aus dem Irak kommt er. Tja, der Finn müsste sich mächtig ins Zeug legen bei Englisch. Unfair, die Großen haben ja auch hundert Jahre Vorsprung, mindestens. Wir verstehen uns irgendwie, Tom, Max, der Sami, sein Bruder Ali und ich. Dago und Quito mögen die beiden auch. Die brauchen kein Englisch. Sami krault mit jeder Hand Fell und Ohren und murmelt vor sich hin. „Was für ´ne Sprache ist das im Irak?“, fragt Max. Null Ahnung. Fiona weiß es bestimmt.

Im Wasser geht ´s zur Sache. Jeder spritzt jeden voll. Max und Tom fuchteln dazwischen rum mit ihren Wasserpistolen und sind stinkig, weil die Großen sie ihnen klauen wollen. Dago mischt kräftig mit, bis ihm das Geschrei zu nervig wird. Er patscht ans Ufer, schüttelt sich und legt sich in die Sonne. Sofort sitzt Quito auf seinem Rücken. Beide beobachten uns Wassergeister genau. „Komm, Quito!“, locke ich den Kater. „Quatsch! Alle Katzen sind wasserscheu“, behauptet Max. „Wetten nicht? Quito mag Wasser.“ Ich patsche paar Hände voll in Richtung Dago. Quito flitzt sofort mit lautem `Miauuu!´ auf den Stamm der Uferweide zu, erreicht blitzschnell die unteren Äste. Wie der King hockt er da oben. Dago kläfft ihm hinterher. Max ist zufrieden. „Tja, siehste, Wasser is nix für Katzen.“ Der Max muss immer Recht haben, dieser Angeber. Hat er manchmal sogar.

Dagos Kopf liegt auf den Vorderpfoten. Quito balanciert auf seinem Ast weiter bis zu den dünneren Zweigen.

„Guck mal, dein Kater schaukelt“, freut sich Tom. Quito schwingt sich hin und her. Ist er zu schwer für den dünnen Zweig? „Miauuu!“ Er plumpst vom Baum, landet mit allen vier Pfötchen gleichzeitig. Genau auf Dagos Rücken.

Erschrocken springt der Rüde auf, will das Ding da auf seinem Nackenfell abschütteln. Denkste, Alter! Die Pfötchen krallen sich fest. Schwarzer Mini-Reiter! Zu komisch sieht das aus, wie Dago losrennt, als säße ihm der Teufel im Nacken. Blitzschnell ist Tines Smartphone im Einsatz. Die Nummer ist tierisch gut! Die glaubt uns sonst keiner.

Tine spurtet den beiden hinterher. Nee, wirklich! Gesehen haben muss man das, kann man nicht glauben. Wir lachen und lachen.

Sami klatscht laut. „A perfect show! Big doggie and sweet little tomcat.“ Am Weidezaun bremst Dago ab, mit den vier Pfoten gleichzeitig, lässt sich auf die Seite fallen, rollt sich auf den Rücken. Quito hat rechtzeitig losgelassen. Er sitzt in sicherem Abstand neben dem Hund. Schaut interessiert zu, wie der sich erst ausgiebig unterm Bauch kratzt, danach noch ausgiebiger herumwälzt. Kaum steht der Rüde wieder auf seinen vier Beinen, sitzt - hopp - das schwarze Reiterlein ihm im Nacken. Das ist zu viel! Dago trabt langsam an, Richtung Wasser. Dicht hinter ihm Tines Smartphone.

„Stop, Dago! Bleib!“ Meine Herrchenstimme überschlägt sich fast. Ich renne hektisch hinterher.

„Bleib da, blöder Hund!“, höre ich Fiona kreischen. Schon patschen vier Hundepfoten ins seichte Uferwasser. Dago senkt die Schnauze, will trinken. Er schüttelt sich kräftig. Krampfhaft klammert Quito sich ans Halsband. Platsch! Der Rüde taucht ein. Ich bin dicht hinter ihm. „Dago! Hierher! Quito!“ Verblüfft halte ich an. Bis zu den Knien im See. Das gibt ´s nicht! Dago schwimmt. Dicht neben ihm schwimmt was Kleines. Was Pechschwarzes. Keine Spur von Wasser-Panik. Schwimmt einfach so. Dicht hinter mir im See steht Sami. „Bravo, Quito!“ Die anderen johlen. „Schwimmkater Quito!“, kreischt Max, - der diesmal nicht Recht hat.

Ich reibe mir die Augen. Das träume ich gerade?? Tom boxt gegen meinen Arm. „Aufwachen, Finn! Hol ihn lieber raus. Soll er absaufen?“

Sami ist schneller. Mit drei Schritten lässt er sich neben Quito ins Wasser fallen. Hebt das tropfende Fellbündel hoch. Quito schmiegt sich an die nasse kakaobraune Brust. Mit blitzenden Augen drückt Sami ihn mir in die Arme.

„He, Quito! - Danke, Sami!" Quito kuschelt sich an mich, sein Herrchen. „Du Spinner!", flüstere ich in die nassen Öhrchen. „Zeigste uns, wie mutig du bist?"

Fiona streicht behutsam über das triefende Köpfchen. „Schlingel, du! Bist ´ne Wasserratte, oder was?"

Nee, zum Glück nicht. Mein Wasserkater ist mir lieber.

„Euer Quito ist unglaublich, Finn. Schaut mal!" Tine hält uns ihr Video vor die Nase. Die Kateraugen werden groß. „Als wenn er ´s kapiert", meint Tine. Tut er auch. Logisch hoch zehn. Das müssen wir nachher sofort daheim zeigen. Sie denken sonst, wir haben zu viel Sonne abgekriegt, wenn wir ´s ihnen nur erzählen. Tine will gleich mit Fiona vorbeikommen. „Die dummen Gesichter von eurer Family muss ich sehen." Sie grinst. „Unsere Tapsi geht im Leben nicht schwimmen. Und reiten will sie schon mal überhaupt nicht."

Tja, Tines stinknormale Tapsi ist halt nicht Finns genialer Quito-Wasserkater. „Im Zirkus kann der auftreten", meint Max. „Hast echt voll Glück, Finn. So einen wünsch ich mir schon ewig und drei Tage."

„Vergiss es ganz schnell, Mäxchen. So einen gibt ´s nur ein einziges Mal." Ich setze diesen einmaligen Kater ins Gras, direkt vor Dagos Schnauze. Fragend sieht der Rüde mich an. Ich klopfe seinen Rücken. „Mach schon, Alter!" Die lange Hundezunge fährt zart übers schwarze Köpfchen. Entspannt liegt Quito da, lässt sich trocken lecken.

Tine reagiert prompt. „Das gibt ´n Supervideo“, freut sich ihr Bruder. „Müssen nach den Ferien die in der neuen Klasse unbedingt sehen. Die werden gucken, Manno!“

„Könnt ihr glatt einschicken. Mein coolstes Tiervideo“, meint Max großspurig.

Hahaha! Ich tippe an seine Stirn. „Ist doch kein Wunderkater!“ Naja, keine schlechte Idee eigentlich. „Mal sehn“, sage ich. „Wohin schickt man so was?“

Fiona mischt sich ein: „Quito könnten wir als Filmstar verkaufen.“ Sie übersetzt es Sami. Der hebt lachend die beiden Daumen. „Your perfect little tomcat!“

Kannst du dir jetzt genau vorstellen, wie megastolz der Finn ist? Auf seinen cleveren, kein bisschen wasserscheuen und hundeliebenden, sooo süßen, perfekten Quito-Kater. Hast du etwa auch so ein einzigartiges Supertierchen? Schickst du mir mal ein Foto? Hat dein Vierbeiner irgendwelche coolen Tricks auf Lager?

WASSER
IMMER
NASSER
girl

5. Kapitel: Kein Wasser aus dem Wasserhahn?

Fast jede Nacht träume ich weiter von Quito. Wir reden miteinander. Wir machen viel Quatsch, hüpfen ins Wasser und schwimmen im See weit raus. Am nächsten Morgen erzähle ich meinem cleveren Kater von den Träumen. Er versteht mich. Ganz genau. Jede Wette! So pfiffig, wie er mich dabei anguckt mit seinen hellwachen Augen.

„Zum Glück ist dein Quito nicht wasserscheu, Finn“, sagt Mama beim Abendessen.

„Wieso zum Glück?“, schmatzt Fabian mit vollem Mund.

„Du meinst, wenn wir am See zelten, ja?“, vermute ich.

„Richtig. Dann kann er mitkommen. Ich habe mir schon den Kopf zerbrochen, wo wir ihn solange lassen sollen.“

„Und zum Glück verträgt er sich mit Dago“, sagt Fiona. „Da verträgt er sich bestimmt mit den anderen Hunden auf dem Campingplatz. Aber sag mal, Papsi, und wenn ´s nächste Woche regnet?“

„Da schwimmen wir alle unterm großen Regenschirm, hihi“, kichert Fabian.

„Blödmann!“ Fiona blitzt ihn böse an. „Müssen wir dann - zu Hause bleiben, meine ich?“

Ach so! Wie soll sie ihren süßen Sami treffen bei Regen? Nee, nee, das geht echt nicht. Wir brauchen dich, du Sonne, jeden Tag viel Sonne! „Gibt keinen Regen!“, bestimme ich. „Wenn du das so sagst, Finn.“ Mama lächelt zufrieden, und ich zwinkere Fiona zu.

Komisch, seit Quito hier ist, kann ich sogar manchmal nett sein zu meiner Zickentussischwester.

„Wir gehen einfach mal von schönem Sommerferienwetter aus“, bestimmt jetzt unser Vater.

Fiona faltet unterm Tisch die Hände. „Lieber Gott …“ Ihre Lippen bewegen sich. Tja, wenn das nix hilft!

Es hilft. Jedenfalls schon mal am ersten Tag. Ganz früh sitzen wir alle im Auto. Dagos Kopf liegt auf Fionas Schoß, sein Hinterteil auf meinem Bauch. Im Kofferraum ist kein Platz mit den hunderttausenddrei Campingsachen. Quito kuschelt sich in meine Jacke. Autofahren kennt er wohl noch nicht. „Dauert ja nur paar Minuten, Kleiner“, flüstere ich. „Gleich sind wir da.“ Er scheint mich schon zu verstehen. Auf `Komm!´ reagiert er inzwischen mit aufgestellten Ohren. Und auf seinen Namen. Okay, das denke ich wenigstens. Mama auch. Clever genug scheint er ja zu sein, meint sie. Bei dem cleveren Herrchen, haha!

„Leute, Leute, die Sonne, die scheint heute! Hurra!“,
jubelt Fabian. „Nämlich weil wir zelten, juhuuu!“

„Morgen scheint sie auch. Weil wir da nämlich immer noch zelten. Juhuhuhuu!“, lache ich. „Übermorgen auch. Weil wir das nämlich so wollen in unserem Urlaub“,
kichert Fiona übermütig.

„Kinder, denkt an die vielen, vielen Urlauber in all den vielen Staus auf den vielen Autobahnen in die Sonne des Südens.“ Papa biegt mit Schwung ein in den Schotterweg zum See. „Wo bitteschön, Leute, seid ihr in zehn Minuten am Urlaubsziel in traumhafter Wasserlage?“

Während wir schwitzend die beiden kleinen Zelte neben unserem Wohnwagen, auf dem Stellplatz mit der Nummer 33, aufbauen, tummeln Dago und Quito sich im Gras. Der Kater folgt dem Rüden wie ein frecher schwarzer Geist. Läuft Dago über die Wiese zu anderen Hunden, ist der Winzling dicht hinter ihm. Tappt Dago zum Trinken ans Ufer, schlabbert der Kleine neben ihm das klare Wasser.

Endlich ist alles genauso verstaut, wie wir es in den zwölf Tagen brauchen. Da scheucht Mama uns rein in den See zum Abkühlen. Sie ist mutig als Erste im Wasser, aber nur bis zum Bauch.

Nachmittags stehen Max und Tom vorm Wohnwagen. „Hi, Finn! Kommste mit schnorcheln?“ Mama nickt mir zu. „Macht keinen Mist, ihr drei Super-Piraten! Dago und Quito bleiben hier.“

Ich will protestieren. Nee, im Urlaub wird nix protestiert. Ist noch so ein Gesetz bei Familie Wellner.

Fiona nutzt ihre Chance, sich mit uns Jungs abzusetzen. „Bin am Steg bei Tine und den andern. Ciao, Mamsi!“ Weg sind wir. Hihi, `bei den andern´ ist bei Sami, logo. Der Finn kann dichthalten, Schwesterlein. Auch logo!

Max hat seinen Kescher dabei. Tom und ich die Taucherbrillen und Schnorchel. Berühmte Unterwasserforscher sind wir, im Südsee-Korallenriff. Ohne Salzwasser. Dafür kann man das hier sogar trinken. „Es hat sogar fast Trinkwasserqualität“, wissen wir von Papa. Klingt gut. Und sehr sauber. Egal, wie viele Kinder da ihr Pippi reinmachen. Und wie viele Hunde im See rumschwimmen. Und mein Quito. „Morgen lasse ich euch zwei nicht bei Mamsi“, schwöre ich. Aber jetzt beim Tauchen stört ihr. Da hat unsere Mutter mal wieder Recht.

„He, Leute, hier gibt ′s Molche!“ Prustend taucht Tom aus dem Uferschilf auf. „Solln wir welche fangen?“

„Quatsch! Lass sie in Ruhe! Die ham höchstens Schiss vor uns Riesenkerlen“, ruft Max.

Wir einigen uns aufs Beobachten. Die winzigen Molche sollen sich mal nicht so anstellen. Wir tun ihnen ja nix.

Wir suchen das Ufer nach den glitschigen Burschen ab. Max quiekt los. Mit einem Satz ist er aus dem Wasser. „Da! Da drüben! Ne Schlange! Sooo ′ne lange! Ne schwarze.“ Mit weit ausgebreiteten Armen zeigt er sie uns. Ein Untier von mindestens dreieinhalb Metern. Au weia!

„Schon mal was gehört von netten Wasserschlangen, Schisser?“, lacht Tom ihn aus. „Die sind nullkommanull giftig.“

Max guckt schief. Schlangen sind nicht sein Ding. Nette nicht. Schwarze auf keinen Fall. Meine auch nicht. Muss Tom aber nicht wissen. Ob es hier noch mehr gibt? Papa kennt sich bestimmt aus mit den Viechern. „Die sind nur dicht am Ufer unterm Grünzeug“, behaupte ich mutig. „In ihrem Versteck. Los, wir schwimmen rüber zum Steg. Da sind garantiert keine. Zu viele Leute. Viel zu laut.“

Am Steg erwarten uns jede Menge Leute. Und mittendrin natürlich meine Schwester. Und ihr soo süüüßer Sami. Und Dago. Und Quito! Mir purzeln fast die Augen aus dem Kopf.

„Hallo, hast du sie noch alle?“, meckere ich Fiona an. „Was soll Quito hier?“ Die schießt zurück: „Bin dem sein Babysitter, was?“ Da entdecke ich meinen Bruder. „He, geht ′s noch, Kurzer? Einfach abhauen und meinen Kater mit anstiften." Eine Hand legt sich auf meine Schulter. Äh? Ich blinzle, mitten in das breite Grinsen von Paps.

„Komm mal wieder runter, Großer! Alles paletti. Wir vier Männer haben nur unseren Seespaziergang gemacht."

„Klar. Und ich bin Hellseher. Punkt!" Ich locke Hund und Kater zu mir. „Na warte, Kerlchen!", schimpfe ich. „Dein Herrchen ist der Finn, kapiert?" Quito kuschelt sich an mich.

Schon bald platzt dieses Herrchen vor Stolz. Kater und Hund ziehen auch hier ihre ulkige Wassershow ab. Diesmal mit großem Publikum. Vor allem unser Vater kriegt sich kaum ein, wie die beiden sich mit allen Kindern am Kiesstrand tummeln. Später lassen wir um die Wette flache Steine übers Wasser springen. Tom schafft zwölf Hüpfer, Max elf, ich bloß peinliche neun. Sami und Paps bringen es nach mehreren kümmerlichen Versuchen plötzlich beide auf geniale vierzehn. Wow! Muss dein Finn-Herrchen wohl mal heimlich üben, Quito!

Dann hockt die ganze Clique in der Sonne auf dem Steg. Papa mittendrin. Den Sami findet er genauso klasse wie ich. Klar kann er zwei und zwei zusammenzählen. Tja, liebstes Schwesterchen, wo war eigentlich dein Sami-Problemchen? Was soll unsere strenge Frau Mutter jetzt noch gegen sechs Dafür-Stimmen sagen? Dago und Quito zählen natürlich mit. Den Sami lieben sie beide besonders.

Das Wasser glitzert. Die Luft steht still in der Sommerhitze. „Der Spiegel ist das. Der von der Sonne", sagt Fabi. „Die wirft ihre vielen Strahlen mitten rein ins Wasser. Weil sie sich freut, wenn die dann wunderschön funkeln. Wie silberne und goldene Diamanten, nöch?"

Papa lächelt ihm zu. „Bestimmt freut sie das, die Sonne, du unser kleiner Fabi-Philosoph."

„Heißt es darum der WASSERSPIEGEL?“, überlege ich. Jetzt grinst unser Vater zufrieden: „Ich glaube schon, Finn.“

Jedenfalls hab ich mich schon mal drin gesehen in diesem Spiegel. Da war das Wasser glatt wie ´n Handtuch. Ich konnte mein Gesicht ziemlich genau erkennen. Das sage ich jetzt aber nicht laut. Bin gerade zu sonnenfaul zum Denken.

Tom erzählt von der netten schwarzen Riesenschlange. Papa beruhigt Angstschisser Max. Diese Wasserschlangen sind scheu und völlig harmlos, wenn wir lauten Menschen sie in Frieden lassen. „Macht mit eurem Kescher besser drüben am Kiesstrand rum. Dort sind keine Schlangen.“ Max ist enttäuscht. „Wetten auch keine Molche und so.“

Quito liegt neben mir in der Sonne. „Hallo, da ist ja auch der Willi!“, freut sich Fabian. „Vertragen die sich, Papsi?“ Neugierig schnuppert der dicke Tigerkater vom Campingplatz näher. Mein Kater lässt sich kurz abschnüffeln, springt dann auf, möchte mit Willi spielen. „Dem ist der lebhafte Kleine wohl zu quirlig“, lacht Papa. Denkste, Papsi! Die beiden haben jede Menge Spaß, balgen sich, jagen sich. „Na, also! Quito wird es jedenfalls am See nicht langweilig.“ Dago hält sich vorsichtshalber im Hintergrund. Den Krallen vom dicken Willi ist er bisher lieber aus dem Weg gegangen. Er lässt die zwei aber nicht aus den Augen.

Die Sonne hört auf uns. Sie scheint die ganze Woche wie verrückt. Jeden Abend muss Mama kurz mal heimfahren zum Blumengießen und Rasensprengen. Am Dienstag muss Fabian unbedingt mit. Sein Kuschelhase fehlt ihm, haha! „Den kann Mamsi nicht mitbringen?“, lache ich ihn aus.

Hinterher berichtet er strahlend von seinem `gezauberten´ REGENBOGEN. Hä, wie geht das denn, Kurzer? Ganz easy. Musst nur den Rasensprenger anstellen, wenn die Sonne noch scheint auf den Wasserstrahl. Der leuchtet plötzlich wie ein Regenbogen. Mama nickt mir zu. Stimmt also, Finn. „Wie bei Öl oder Benzin in einer Pfütze", sagt sie. „Darauf seht ihr auch die bunten Regenbogenfarben schwimmen." Eins zu null für dich, Zwerg! Klingt irgendwie krass! Morgen fährt der Finn mit Mamsi heim! Muss ich unbedingt selber ausprobieren.

Gute Idee. Bis auf das plötzliche, ziemlich kurze und harmlose Gewitterchen am Mittwochabend. Blumengießen fällt also aus. Finns Regenbogen auch. Der Wellner-Rasen hat genug Wasser von oben. Dago und Quito mögen Blitz und Donner weniger, dafür den Regen danach. Normal hat Dago sich beim ersten Donner sofort in Panik verkrochen. Sobald mein Quito ins Freie will, tappt der Rüde ihm tapfer hinterher. Katerchen spielt Tropfenauffangen mit der rosa Zunge. Er patscht durch die Pfützen, tunkt das Näschen ein und schlabbert das weiche Regenwasser. Dago macht es ihm nach. Wir hocken im Vorzelt und staunen über die zwei munteren Wasserfans.

Papa sagt: „Wenn ich mir vorstelle, ich müsste mitten in der heißen Sandwüste leben. Mit meinen zweiundzwanzig Kamelen durch wilde Sandstürme ziehen …"

„Au ja! Erzählen, Papsi!" Fabians Augen leuchten auf. In Papas Geschichte geht es mächtig trocken zu. Allein vom Zuhören kriege ich Durst. Ich könnte es Dago und Quito nachmachen und die Pfütze leerschlabbern. „Das ist alles Fantasie, Papsi, ja?" Fabians Gesicht glüht.

„Oh, leider nein, Fabi. Es gibt genug Länder auf unserer großen Erde, wo Wasser nicht einfach so da ist."

Das kann mein Brüderchen sich nicht vorstellen. „Gibt ´s auch keinen Eulensee?“

„Noch schlimmer“, sage ich. „Keinen WASSERHAHN, weißte.“

Fabian guckt von Papa zu Mama. „Nee, nöch? Der Finn labert bloß?“

Hallo, der Finn labert schon mal nie, Kurzer! Papa grinst mich kurz an, gleich wird er wieder ernst: „Finn kennt sich aus, Fabi. Wir drehen den Wasserhahn auf, schon fließt so viel Wasser heraus, wie wir brauchen. Kalt, warm, ganz heiß.“

Es dauert, bis unser Kleiner begreift, wie wichtig und wie kostbar Wasser nicht nur für uns Menschen ist. Logisch, wir merken das gar nicht. Es ist ja immer da. Vierundzwanzig Stunden lang, jeden Tag und jede Nacht. Muss heftig sein, wenn du meilenweit gehen musst zum Wasserholen. Oder wie die Tiere in Afrika tagelang auf der Suche nach einem Wasserloch. Wenn dieses Wasser vielleicht voll ist mit ganz winzigen ekligen Bakterien. Wenn du krank wirst, weil du es trotzdem trinken musst. Du würdest sonst verdursten.

Fiona kneift die Augen zu Schlitzen. „Voll ungerecht ist das“, murmelt sie. „Und total gemein! Die kleinen Kinder können einem soo leid tun.“ - „Wenn die riesengroßen Durst haben, und kein einziger Tropfen Wasser ist da“, sage ich.

„Ja, die Kleinsten trifft es leider besonders hart.“ Mamas Schultern zucken. Sie macht ihr `Das-ist-halt-einfach-so´-Gesicht. „In unserer Welt ist es halt vollkommen ungleichmäßig verteilt“, sagt Papa. „Wasser haben wir im Überfluss. Wir beschweren uns, weil uns der Regen den Urlaub durcheinanderbringen könnte. Woanders beten die

Menschen, Tiere und Pflanzen um Regen zum Überleben.“ Haha, Papsi, Tiere und Pflanzen beten? Ich stelle mir einen hohen Baum vor, wie er seine Äste mit den vertrockneten braunen Blättern faltet. Zum verzweifelten Morgengebet.

Nee, nee, Finn, das ist kein bisschen witzig! Lange kann ich an diesem Abend nicht einschlafen. Neben mir atmet Quito leise und gleichmäßig. Dicht vor mir im dürren Gras stehen Kinder. Sie streiten sich laut. Ein größerer Junge hält eine Flasche fest. Die anderen wollen sie ihm wegnehmen. Er hebt sie hoch über seinen Kopf. Dann öffnet er sie und nimmt einen kleinen Schluck, bevor er sie an ein Mädchen weitergibt. Das trinkt hastig. Schon reißt ein kleiner Junge die Flasche an sich. AQUA kann ich darauf lesen.

„Seid ihr komplett durchgeknallt, euch zu zanken wegen ´ner dämlichen Wasserflasche?“ Meine Stimme ist nur ein heiseres Flüstern: „He, wartet! Der Finn bringt euch gleich genug zu trinken für alle.“ Traurig sehen die Kinder zu mir her. Kennen sie meine Sprache nicht? Ein magerer Junge hält mir ein paar welke Blumen hin. Quito hüpft mir vom Arm, läuft auf das kleinste Mädchen zu. Es bückt sich, streichelt meinen Kater. Der maunzt kläglich. Hat er auch Durst? Meine Kehle ist staubtrocken. „Gibt ´s bei euch gar nix zu trinken?“, will ich fragen. Da laufen die Kinder schreiend weg. Quito springt ihnen eilig hinterher. „Quito, bleib hier! Quiiitoo!“

Ich fahre hoch. Mein Schlafanzug klebt mir am Rücken. Neben mir schimmert ein helles Pünktchen im Halbdunkel. Nur langsam komme ich zurück. „Hallo, du bist im Zelt. Morgen haben wir Vollmond, Finn“, murmele ich schlafbenommen. Wo sind diese Kinder hin mit ihrer leeren Wasserflasche? Wo ist Quito? Ich taste neben mich. Auf meinem Kopfkissen hat der Kleine sich breit gemacht. Ich streiche über das weiche Fell. Puh! Ich schlucke dreimal. Hab ich einen tierischen Brand! Mal fix rüber ins Bad, einen dicken Schluck aus dem Wasserhahn … Denkste! Nix Wasserhahn! Wasserflasche draußen unterm Vorzelt. Nix mit Weiterschlafen bei so ′nem Durst. Leise öffne ich den Reißverschluss vom Zelteingang, krabble nach draußen. Verdammt, wo seid ihr denn, ihr Sprudelflaschen? So taghell ist der Mond auch wieder nicht. Ich taste herum. Finde nix. Ach, Finn, wie blöd kann man sein?? Der ganze See ist voll bis oben mit dem köstlich frischen Gewitterregenwasser. Ein mulmiges Gefühl, - mitten in der Nacht allein am Wasser. Eine Bewegung hinter mir lässt mich zusammenzucken. Weich streicht etwas um meine nackten Beine. Quito, hast du mich erschreckt! Verdurstest auch gleich, mein Süßer?

Das hier müsste Tines Smartphone sehen, denke ich: Wir beide trinken das Loch-Kies-Wasser, dicht nebeneinander. Der Kleine schlabbert behutsam mit seiner rosa Zunge. Der Große tunkt beide Hände ein, schlürft gierig in hastigen Schlucken. Tut das gut! Sogar ohne Sprudel. Viel leckeres Regenwasser, nur für uns ganz alleine!

Ein Silbersteifen liegt quer über dem dunklen See. Wie im Märchen steht darüber der leuchtende, fast runde Mond! Mir wird kalt. „Komm, Quito! Weiterschlafen.“

Hast du dir schon mal überlegt, wenn du den Wasserhahn aufdrehst, was daran so besonders sein soll? Kein Mensch überlegt sich das. Hab ich jedenfalls noch nie gemacht. Wozu auch? Logisch kommt da Wasser raus. Egal, wann du aufdrehst. Wenn irgendwann mal nicht, egal warum, dann würdest du Wasser aus ´nem See trinken? Bei Fast-Vollmond? Würdest du garantiert hammermäßig finden!

Probier ´s einfach mal aus! Kannst dabei denken an den verrückten Camping-Finn. An den mit dem Riesendurst, und an seinen durstigen Quito-Wasser-Kater.

LaLaLa Wasser!
Wasser ist toll
Wasser macht Spaß
Wasser gibt immer Gas!

6. Kapitel: Quellen aus dem lila Regenschirm?

„Heute Nacht habe ich eine ganze Weile wachgelegen“, sagt Mama beim Freitagsfrühstück vorm Zelt. Ach nee, was kommt wohl jetzt, Mamsi? „Ich musste drüber nachdenken, was…“

„Was du uns heute Köstliches zum Mittagessen zaubern willst, stimmt ´s, mein Franzi-Schätzchen?“ Papsi zwinkert uns zu. „Stimmt nicht.“ Franzi-Schätzchens Gesicht wirkt nachdenklich. „Wisst ihr eigentlich, wie viel Wasser wir alle jeden Tag brauchen? Besser gesagt: verbrauchen? Wofür wir ´s verbrauchen?“

Wir gucken uns dümmlich an. Wie meint sie das jetzt? Gibt das einen längeren Mamsi-Vortrag?

Kein noch so winzig kleines Gewitterwölkchen ist mehr zu sehen. Badewetter vom Feinsten. Mir ist jetzt gerade nicht nach irgendeinem langweiligen Vortrag über Wasser und so. Denkste, Finn! Nix Vortrag! Nee, hübsch selber sollen wir überlegen!

Ausgerechnet „Für die Klospülung, ja?“, fällt Fabian als Erstes ein. „Und danach Händewaschen, unbedingt!“

„Geschirrspüler? Waschmaschine?“, überlegt Fiona.

Mama hebt den rechten Daumen. „Bingo, ihr beiden!“

Äh, und was fällt dem Finn ein? Erst mal gar nix? Ach ja, genau: „Zähneputzen, Duschen und Badewanne.“ Na also, geht doch! Und was noch? Denken, Finn! Denken!

„Autowaschen“, sagt Papa. „Blumengießen und Rasensprengen selbstverständlich auch.“

„Papsis Stoppelbart rasieren.“ Fabian reibt sein Kinn.

„Zum Kochen sowieso. Kartoffeln, Blumenkohl, Nudeln, Reis und so.“ Stolz schaut Fiona in die Runde. Fabian fällt noch ein: „Für Dago zum Baden, wenn er sich ganz fest im Kuhdreck gewälzt hat.“ Allgemeines fröhliches Grinsen. Hundert Punkte, Kurzer!

„Prima! Schon mal richtig gut für den Anfang“, werden wir gelobt. „Aber ans einfache Wassertrinken denkt ihr wohl nicht?“ Ach klar, das zählt ja auch dazu. Und nicht gerade wenig, was wir so wegtrinken alle fünf. Wenn ich an die Unmengen Kaffee und Tee von unseren Eltern denke. Wird auch mit Wasser gekocht. Und die tausend Sprudelflaschen jede Woche. Und an den Riesendurst von letzter Nacht. Quito und Finn trinken aus dem Eulensee. Hahaha! Nee, wirklich! Soll ich das jetzt erzählen? Besser mal erst nicht. Passt vielleicht andermal? „In Dagos Trinknapf, jede Menge“, sage ich.

„Wärmflasche“, höre ich Fiona. „Zählt Händewaschen zwischendurch? Auch Füße waschen?“ Logo zählt das! Äh, beim Finn passiert das aber eher selten. Also da ist deutlich weniger Wasserverbrauch beim Finn und seinem Bruder, besonders beim Hals- und Ohrenwaschen, hihi.

„Fußbodenschrubben“, erinnert Fabian sich an Mamas Saubermachtage. - „Fensterputzen sowieso“, meint Fiona. Ihre absolute `Lieblingsbeschäftigung´!

„Lange Fiona-Locken waschen.“ Das muss ich noch loswerden. Kein Kommentar von meiner Schwester, nanu?

Uff! Jaja, Kinder, da läppert sich was zusammen, würde die Uschi-Oma sagen, wenn sie im Winter stundenlang ihre kalten Füße ins heiße Salzwasser tunkt. Das denke ich laut.

Zustimmendes Nicken und Lächeln bei allen Wellners.

„Tja, und wir sind bloß ein kleiner Fünfpersonen-Privathaushalt. Stellt euch vor, welche Mengen in der Industrie gebraucht werden." Papa guckt uns neugierig an. „Fällt euch dazu auch was ein?" Uppsi! Finn-Ahnung Nullkommanull! „Denkt an die verschiedenen Betriebe. Beim Bäcker, bei der Fleischverarbeitung …", hilft Mama uns. „Und beim Bierbrauen", kann Paps sich nicht verkneifen. Haha!

Dieses WASSER-THEMA fängt an, mich zu interessieren. Ist zwar bestimmt nur halb so interessant wie neulich das Strom-Thema. Neugierig macht es mich jetzt aber doch. Finn, der Strom- und Wasser-Experte? Auf Tom und Max kann ich garantiert wieder zählen. Obwohl, später machen die ja beide was mit Strom. Haben sie jedenfalls gesagt.

Okay, wir haben am Ende der dritten Klasse ein paar ganz witzige Wasser-Versuche gemacht mit der Frau Bach. Was war das noch? Sachen, die auf dem Wasser schwimmen oder - plupp - untergluckern, weiß ich. Oder das mit dem Tropfen Spülmittel, wo dann oben auf dem vollen Glas die Spannung kaputtging. Oder so ähnlich? Und wie wir dreckiges Wasser durch Kaffeefilter gießen durften. Haben wir auch Löffel voll Salz ins Glas reingekippt und umgerührt, damit sich ´s auflösen sollte? Eiswürfel auftauen lassen, bis der Meeresspiegel, pardon, der Wasserspiegel im Glas gestiegen ist. Gemeint war nämlich in echt der steigende Meeresspiegel. Und wie schlimm das irgendwann wird, wenn die Ozeane überlaufen, weil die riesigen

Eisberge an den beiden Polen alle immerzu abtauen und kleiner werden.

Mit Frau Bachs extragroßem lila Schirm sollten wir uns im Kreis auf dem Schulhof aufstellen. Isa und Nico duften ihn aufspannen. Frau Bach hatte ihre grüne Gartengießkanne dabei. Weil es von selber nicht regnen wollte, in unserer Wasser-Woche. Erst ist sie auf die Trittleiter gestiegen und hat es mal ein bisschen `fein regnen´ lassen. Also laufen aus den feinen Löchern, das Gießkannen-Wasser.

Wir mussten genau hingucken. Das Wasser ist natürlich runtergelaufen am Schirm, immer schneller, bis nix mehr drin war. Rund um die Füße von Isa und Nico gab ´s einen nassen Kreis. Das Monster von Schirm sollten wir uns vorstellen als einen ziemlich hohen Berg. Naja, haben wir halt versucht. „Ja, schaut, Kinder, damit ist dieses Wasser nichts anderes als …?“, wollte unsere Lehrerin wissen. Hat keiner gewusst, logisch. Da muss einer erst mal drauf kommen: Viele ganz kleine QUELLEN sind es, die aus dem Regenschirm rauswollen, - äh, entspringen. Haha! Jede läuft als Rinnsal in eine andere Richtung bergrunter. WASSERSCHEIDE wird dieses `Phänomen´ genannt, erinnere ich mich an die laute Stimme von der Frau Bach. Entscheide du dich mal als winziger Regentropfen, frisch aus deiner Wolke gehüpft, in welche Richtung, pardon, Himmelsrichtung du dann fließen willst. Zu welchem Fluss und in welches Meer du danach mal schwimmen magst. Oder reingeschwommen wirst mit den Wellen?

Mit unserem größten Schirm haben wir das `Phänomen´ abends mit Paps ausprobiert, auf unserer Wiese. Bei echtem Regen. Fabian musste unbedingt den Schirm schief halten und hatte kaltes Wasser von oben in den Gummistiefeln. Hinterher durfte er ´s unter der heißen Dusche nachmachen. Als Hoher-Berg-Quellen-Fabian, hihi!

„Finn? Hallo! Bist du noch da?“ „Upps! Klar! Der Finn war nur eben so ein hoher Wasserscheiden-Berg, äh, ein Mini-Wassertropfen.“ Papa schaut etwas merkwürdig. „Ach ja? Kannst du jetzt deinem Bruder weiter zuhören?“ Ich nicke stumm, stelle beide Ohren wieder auf Empfang. Worum ging es da noch gerade?

„Wow! So ´ne riesengroße Menge.“ Fabian seufzt. „Wo kommt ´n das alles her, Papsi?“ He, wer fragt denn so was Belämmertes? Vom Himmel natürlich. WASSERKREISLAUF. War doch gerade so ähnlich dran auf dem Schulhof? Die große bunte Zeichnung von der Frau Bach an der Tafel sehe ich noch direkt vor mir: Dicke dunkelgräuliche Regenwolken, die Miniquelle aus dem hohen grünen Berg, den blauen Fluss zum Meer, die von knallgelben Sonnenstrahlen aufgesaugten weißen Wassertröpfchen.

„Vom Himmel, logo!“, sage ich also. Papa schmunzelt, Mama lächelt. „Ganz so einfach, lieber Finn, kann man das nicht sagen.“ Hä, wie meint Papa das denn? Soll ich das Bild mit dem Kreislauf jetzt vielleicht erklären? Nee, muss nicht sein! „Vom kleinen Regentropfen bis zu unseren Wasserhähnen ist es noch ein weiter und recht komplizierter Weg“, höre ich Papas Stimme. Na dann! Schalten wir mal weiter auf Empfang. „Kapier ich nich, Papsi“, gibt mein Bruder zu. Ich auch nicht, Kleiner, - musst du aber nicht wissen.

Ich klatsche mir auf die rechte Backe. „Mistbiest! Hau ab!“ Die zerquetschte blutige Mücke klebt unter meiner Hand. „Diese kleinen Plagegeister! Warum müssen sie unser süßes Blut so lieben?“, schimpft Mama. „Könntest du dir nicht wieder mal kurz das Pfeiferauchen angewöhnen, Schatzi?“ Paps-Schatzi grinst. „Das verscheucht sie allerdings kaum. Mücken lieben viel Feuchtigkeit. Gönnen wir ihnen halt ihr kleines Paradies am See, genauso wie uns.“

Fabian klatscht den nächsten Blutsauger auf seinem Bein ab. „Die können doch gar nicht schwimmen“, meint er. Mama sagt: „Doch. Als winzige Larven konnten sie das wunderbar. Ihre Mutter hat sie nämlich ins Wasser abgelegt, weil sie das brauchen zum Wachsen.“ Sie schaut hin zu den tanzenden Mückenschwärmen über dem See.

„Dämliche Erfindung“, motzt Fabian. „Wozu sind diese hunderttausend Biester gut? Zu nix!“ Mama klärt ihn auf, wie ausgerechnet diese nervigen Mücken gerne auf dem Speiseplan von Vögeln und vielen Insektenarten stehen.

„Hätten die sonst alle Riesenhunger auf Mücken?“ Mein Bruder scheint den Quälgeistern zu verzeihen. Haut den nächsten trotzdem kaputt. Reiner Mücken-Reflex. Oder?

Hat er eigentlich recht, oder? Wo kommen wir denn hin, wenn wir uns totstechen lassen und hinterher an den tausend Stichen kratzen wie verrückt? In der Nacht besonders fies! Das erinnerst du ja von jedem Sommer, stimmt 's?

Im Winter müssen wir uns zum Glück an keinen Mückenstichen kratzen!

Tja, du, das gibt wohl ein richtig megawichtiges Wasser-Thema?? Eigentlich war ich stinkewütend auf den doofen Regen an meinem Runden. Hab mir nix dabei gedacht, weil ich fest auf Sonne aus war. Wie nötig wir das Wasser von oben brauchen, darauf bin ich nicht gekommen vor lauter Regen-Wut. Jede Wette denkst du gerade: Wie saublöd kann einer sein mit zehn Jahren?? Das denke ich übrigens jetzt auch. Voll peinlich!

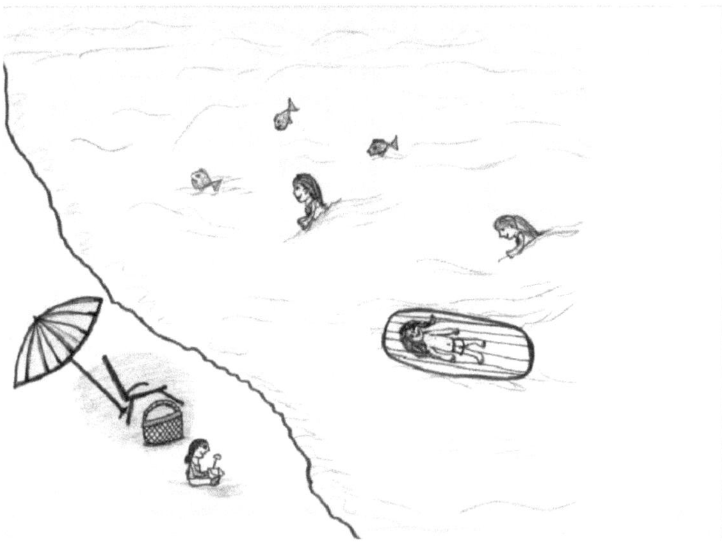

7. Kapitel: Wohin mit der Dreckbrühe?

„Hallöchen, ihr Sonnenurlauber!“ Hinter dem Wohnwagen tauchen zwei lachende Gesichter auf. „Ooopa! Omama! Wo kommt ihr denn hergeflogen?“ - „Morgenüberraschung für hungrige Camper!“ Opa schwenkt eine Tüte. „Backfrisch eingeflogen aus Uschis Backstube.“

Eigentlich bin ich gerade frühstückssatt. Na gut, leckerknuspriges Oma-Körnerbrot und köstlicher Schinken passen genau noch in die Lücken. Opa stellt sofort die Ohren weit auf bei unserem Wasser-Thema. Kein Wunder. Er hat früher einige Jahre beim Wasserwerk gearbeitet. Tja, da hör mal gut zu, Finn, was der Opa noch so alles weiß. Und das ist eine Menge! Hab ich geahnt, was dazugehört zum Stichwort Wasser? Sogar das dreckige Stinkewasser ist wichtig. „Das fließt einfach weg“, ist Fabian überzeugt.

Opa nickt: „Natürlich, Fabi. Doch wohin fließt es wohl? Weißt du das auch?“ - „Ins Waschbecken, wo wohl sonst!“

„Ach ja. Und wohin dann?“ Fiona macht ihr überhebliches Tussengesicht. Sie weiß es anscheinend besser.

„Äh, klaro. In die Erde runter?“ Unsicher sieht Fabian den Opa an. Die Uschi-Oma will ihm helfen. „Und das Wasser aus der Toilette? Darf das einfach in die Erde abfließen?“

„Igitt! Die DRECKBRÜHE! Mit unseren ganzen Haufen drin!“ Fiona schüttelt sich.

„Das muss erst durch die KLÄRANLAGE.“ He, Finn, du bist ja richtig gut! Na ja, da waren wir nämlich letzten Herbst mit der Frau Bach. Das weiß ich noch ziemlich genau, wie voll ekelhaft es gestunken hat. Wäää! Große Klärbecken gab es. Zum Schluss sollte unser Dreckwasser gereinigt sein, hat der Mann erzählt. Da schwimmen Milliarden von winzigen Bakterien drin rum, die den Schmutz auffressen müssen. Igitt! Wie eklig! Aber weil das Wasser in den Fluss geleitet werden soll, muss es halt sauber sein. Logisch hoch zehntausend! Ja, so ungefähr war das. Sollte ich noch mal nachlesen. Wenn wir die Sachkundebücher nicht vor den Ferien bei der Frau Bach abgegeben hätten. He, Finn Wellner, wozu gibt ´s Internet? Nächste Woche googelst du dich da mal schlauer! Hab ´s echt nicht mehr alles drin in meinem Spatzenhirn.

Mein Bruder hat noch eine wichtige Frage: „Opa, was is ´n wichtiger? WASSER oder STROM?“

Dämlich bist du überhaupt nicht, Kurzer! Strom natürlich. Ich sehe Fionas geschocktes Gesicht noch genau vor mir an diesem witzigen Ohne-Strom-Sonntag. Ohne den FÖHN und später ohne ihren heißgeliebten WLAN. Au weia!

„Strom! Logisch!“, platze ich also raus. „Upps! - Oder? Naja, Wasser auch, nöch?“

„Überleg noch mal selber“, sagt Mama. „Was ist besser: Verdursten oder Sahne mit der Hand schlagen?“ Papa und Opa lachen schallend. „Tja, ohne Strom nix los?“, erinnere ich mich. „Und ohne Wasser läuft schon Nullkomma gar nix. Kein einziger Tropfen. Leben auf diesem Planeten gleich Nullkommanull.“

Die Omama trällert sofort los: „Wasser ist zum Waschen da, fallerie und fallera …“

„Auch zum Zähneputzen kann man es benutzen“, singt der Opa begeistert weiter.

„Wasser braucht das liebe Vieh, fallera und fallerie …“, ist die Uschi-Oma wieder dran.

„Auch die Feuerwehr benötigt Wasser sehr“, singen sie jetzt mit Mama zusammen. Wir kichern verwundert.

„Ein uralter Schlager ist das“, sagt Mama. „Den finde ich immer noch klasse. Am meisten den witzigen Schluss: Auch bei manchen Füßen könnte man ´s begrüßen.“

„Käsestinkefüße, hihi!“, gackert Fabian los. Finn-Füße, denke ich, würden ´s auch öfter begrüßen, hahaha!

„Mal Schluss mit lustig, Kinder!“ Opas Lachfalten verschwinden. „Wasser hat nämlich sogar viel mit unserem Glauben zu tun.“ Wie meint er das denn jetzt?

„Jawohl!“ Die Omama nickt eifrig. „Am letzten Sonntag haben wir Chorweiber in der Kirche davon gesungen.“

Schon trällert sie wieder fröhlich los: „Der Herr ist mein guter Hir-te ... Er füh-ret mich zum frischen Was-ser ... Zum Wasser des Le-he-bens …“ Ach, unser so liebes Omalein!

„Jaja, und Jesus konnte übers Wasser gehen“, sagt Papa. „Es steht jedenfalls in der Bibel. Auch wie er das wütende Meer beruhigt hat.“

Findet die Uschi-Oma das nicht wirklich witzig, so säuerlich, wie sie ihren Sohn anguckt? Warum? Stimmt das etwa nicht? Soll ich fragen? Nee, lieber nicht jetzt. In unserer Kinderbibel gibt es ein buntes Bild, fällt mir ein, von hohen Wellen und einem Boot mit JESUS vorne drauf. Seh ich noch vor mir. Fand ich spannend, den Sturm-Jesus, als ich klein war. Auch die ARCHE, das Holzschiff für alle

Tiere, die der NOAH vor dem gewaltigen Sintflut-Dauerregen in Sicherheit bringen musste. Befehl von oben!

Opa hat noch was Frommes auf Lager: „Wenn ich mich richtig erinnern kann, habt auch ihr drei schon mit diesem Wasser des Lebens zu tun gehabt. Das könnt ihr nur nicht mehr wissen."

„Nein, damals seid ihr noch süße Babys gewesen", lächelt Mama. Wird ´s jetzt spannend? Ich peile zu Fiona. Bei ihr klickt es im Moment: „Ach so! Bei unserer TAUFE meint ihr?" Uppsi, Finn, hättest du auch gewusst, oder?

„Allerdings. Eure Taufpaten durften euch Täuflinge übers Taufbecken halten, und der Herr Pfarrer hat eure Köpfchen mit dem besonderen Taufwasser besprengt. Als die neuen zukünftigen Christenmenschen." Fabian guckt ihn groß an. „Hab ich vergessen, Opa. Musst du da nich losbrüllen als Baby mit Wasser auf dem Kopf?"

„Musst du nicht. Aber ihr Jungs habt kräftig protestiert", erinnert die Uschi-Oma sich lachend. Upps! Wie peinlich ist man doch als winziges Baby.

„Hören können wir Wasser übrigens auch, stimmt´s?" Opa schaut uns an. Meint er das jetzt als eine seiner Opa-Stefan-Scherzfragen?

Mama kapiert fix: „Jaja, hast du schon mal versucht, einzuschlafen mit einem dauertropfenden Wasserhahn in der Nähe?"

„Oh ja, der bringt dich fast zum Durchdrehen", lacht Paps. „Da hilft nur, aus dem warmen Bett aufstehen und das fiese Ding richtig zudrehen."

Opa erinnert sich: „Früher beim Segeln habe ich oft auf dem Boot übernachtet. So beruhigend wie ein Schlaflied war das, wenn die leichten Wellen immerzu gegen das Holz klatschten." Klingt gut, würde ich gerne auch mal probieren. Auf ´nem Segelboot schlafen, meine ich. Mit leise singenden Wellen, haha!

„Erinnerst du dich noch an unser altes Lied von den Regentropfen, die leise an dein Fenster klopfen, Uschilein?", fragt Opa. „Oh, wie könnte ich das vergessen?" Wird das Uschilein gerade ein wenig rot? Fiona zwinkert mir zu. „Ich dachte, Regentropfen trommeln laut aufs Dach, Opa."

„Sie können beides: Mal leise und mal laut. So wie es halt passt", lächelt Opa seine Uschi an. Die lächelt zurück: „Ach ja! Und wo der schäumende Wildbach ins Tal rauscht", schwärmt sie und macht die Augen zu.

„Jawoll, und die Klospülung, die rauscht wie Donner, hihi!" Das übermütige Fabian-Kichern ist ansteckend, auch für Fiona, Papsi und sogar für Opa.

„Aber das ist alles nix gegen das Tosen der Niagara-Fälle", erinnert sich Mama. „Wo die Wassermassen Tag und Nacht nur so in die gewaltige Tiefe donnern." Die Omama macht die Augen wieder auf. „Das klingt ja beinah gruselig, Franzi. Hat man da keine Angst, wenn das Wasser sich so gewaltig anhört?" Mamsi nickt. „Noch mehr bekommt man wohl großen Respekt vor solchen Naturgewalten." Kurzes nachdenkliches Schweigen in der Runde. Mein kleiner Bruder macht neugierige Augen. Mit Gruseln und Gewalt hat er ´s nämlich seit neustem.

„Im Mittelalter", kommt Fiona noch mal zurück auf Fabis wichtige Strom-Wasser-Frage. Sie zupft nachdenklich an ihrer Nase. „Ja, vorher auch, mussten die Menschen absolut ohne Strom auskommen. Oder etwa nicht?" Wir nicken. Stimmt ja auch. Mein seltsamer Friedo-Traum ist plötzlich deutlich wieder da. Wo ´s null Strom bei den Leuten gab.

„Aber ohne Wasser noch nie, stimmt ´s?" Bei Fabian fällt der berühmte Groschen. „Da durften die armen Kerle den ganzen Tag am Daumen lutschen." Er schiebt den rechten Daumen in sein typisches Fabi-Grinsegesicht. Fiona und der Finn prusten voll los. Tja, Brüderchen, du mal wieder!

„Hundert Extrapunkte für den Kandidaten", lacht Opa und zieht Fabian auf seinen Schoß. „Hab ich gewusst: Wasser gewinnt." Fabian dreht seine Nachdenk-Stirnlocke. „Ich mecker nie wieder, wenn ´s regnet. Ehrlich!"

„Nicht mal im Urlaub? Wir erinnern dich dran, mein Fabi-Schatz." Die Uschi-Oma schmunzelt.

Oh, und wie wir meinen Bruder-Schatz erinnern müssen! Pünktlich um 6:06 am Samstagmorgen hängen graudicke Wolken bis fast runter auf die nix mehr glatte Wasserfläche. Nicht grau sind sie. Nee, dunkelgrau mit bisschen hell drin. Auch bisschen schwarzgrau. Nur nullkommanull blau oder weiß. Müssen jede Menge schwere Tropfen drinhängen und eiliger als eilig rauswollen.

„Sooo fies, Manno!", nölt der Kurze. (Der - ehrlich!! - nie wieder meckern wollte. Hihi!) Er kriecht brummend zurück auf seine Luftmatratze, grunzt kurz: „Wehe, du weckst mich auf, Quito!"

Ich habe genau eine Stunde vierundvierzig Minuten Zeit zum Vor-mich-hin-dösen. Dabei zwei weiche Katerohren kraulen. Regenurlaub hat was! Wenn er nicht ewig dauert allerdings. Hast du ´ne Ahnung, wie fix ein Regenferientag rumrennt! Na, genau das wirst du gleich selber weiterlesen: Was wir uns alles einfallen lassen, wenn draußen rumtoben nur mit Regenjacken geht. Und schwimmen unterm großen lila Regenschirm, hihi!

8. Kapitel: Regen-Camping ... Voll cool!

Nach dem Frühstück unterm Vorzelt halten wir erst mal sozusagen unseren REGEN-RAT. Sollen wir uns einregnen lassen? Im ungemütlich quietschnassen Vorzelt? Alle im Wohnwagen aufeinander hocken? Oder spielen im zu vollen Clubraum? Die Alternative wäre, schlägt Paps vor: Heimfahren und abwarten, bis die Sonne wieder rauskommt. Vor Montag sagen die Wetterfrösche wenig Erfreuliches.
Unsere Gesichter werden lang und länger. „Aber die Zelte? Lassen wir die einfach solange dumm rumstehen?“, frage ich. Keine gute Idee, entscheidet Mama. „Ich bin dafür, wir bleiben. Regen im Zelt kann wunderbar gemütlich sein. Und ich muss heute nicht rüberfahren zum Gießen. Der volle Briefkasten kann bis morgen oder übermorgen warten. Bis dahin scheint sie wieder, unsere liebe Sonne.“

„Alle einverstanden?“ Papa guckt uns der Reihe nach in die Augen. „J - ein. Falls das heißt: albernes Regen- und Gammel-Programm.“ Fionas Mundwinkel versprechen mal wieder leichten bis mittelschweren Zickenalarm.

„Nee, wieso? Wo ist dein Problem, Fio? Wozu haben wir Gummistiefel und Regenjacken?“ Alles klar, Leute? Hugh, der Finn hat gesprochen. Vier Köpfe nicken automatisch. Na, super. Es macht total Laune, im Sommerregen durch die nasse Pampa zu patschen. Fiona findet das allerdings erst cool, als Sami und sein Bruder Ali plötzlich auftauchen. Barfuß, in kurzen Hosen, mit so ulkigen Regenumhängen. Pitschnass und happy hoch fünfhundert, mindestens, sind wir um Punkt 12:55 zurück. Problem: Wo und wie kriegen wir die Klamotten trocken? Wir hängen die Jacken an die Stangen im Vorzelt und passen kaum noch selber zwischen die triefenden Gummistiefel. Mamas Kartoffelsalat reicht auch für Sami und Ali. Würstchen essen die beiden sowieso nicht. No!! Nix Fleisch von die Schwein! Oh weh!

Saugemütlich ist das, wenn der Regen leise aufs Vorzeltdach klopft. Die Jungen erzählen aus ihrer Heimat, dem IRAK. Wie trocken es dort oft monatelang ist. Wie dann die Menschen jubeln bei den langersehnten allerersten Regentropfen. Wie man direkt zugucken kann, wenn das welke Gras und die Blumen endlich wieder lebendig werden.

Das alles geht auf bisschen Englisch, wenig Deutsch, mit vier Händen und Füßen, Augenrollen und Stirnrunzeln. Und mit viel Gelächter. Unsere Eltern und Fiona machen die Dolmetscher für Englisch. Spätestens jetzt ist klar, warum wir das schon ab der ersten Klasse lernen sollten.

„Habt ihr manchmal Heimweh?“, möchte Mama wissen. Die lebhaften dunklen Augen schauen traurig. Für einen kurzen Moment. Schon strahlen sie wieder.

„Schönes Land!“ Sami breitet die Arme weit aus. „Gute Menschen.“ Er lächelt munter zu Fiona rüber. Ganz locker grinst sie zurück. Keine Spur mehr von verlegen. Weiter so, schöne Lieblingsschwester!

Mir fallen diese Wasserversuche aus der Schule ein. Ich schlage vor, uns die Regentage damit spannend zu machen. Mama ist sofort dafür. „Bevor uns das Zeltdach auf den

Kopf kommt vor Langeweile." Sie fährt extra nach Hause und holt Plastikschüsseln, Filterpapier, verschieden große Trichter, alte Kartons. Ich erinnere sie an Fabians bunte Knete, Alufolie, ein Stück Schlauch, Zettel und Stifte.

„Urlaub vor der Haustür ist super", meint sie, als sie mit zwei vollen Taschen zurückkommt. „Ich soll euch grüßen von daheim. Unsere Regentonnen sind fast wieder voll. Hoch lebe das Gewitter!" Ach ja? So habe ich das noch gar nicht gesehen. Als Gärtner mag man Gewitter. Jedenfalls das viele, was sie uns an Regenwasser runterschütten.

Fabian, Sami und Ali haben Grund, mich, den schlauen Finn, zu bewundern. Ich weiß das meiste von den Wasserversuchen noch aus dem Kopf. Stark, oder?

Fabian knetet und faltet, mit Samis echt geschickter Hilfe, aus der silbernen Folie und der bunten Knete immer neue Minischiffe und ist happy, weil die in Mamas blauer Salatschüssel schwimmen. Fiona stupst die Kneteboote kurz an, sie kippeln, Wasser über Bord. Zu Hilfe, die Titanic sinkt!! Auch ohne Eisberg. Unser Kleiner startet sein Wutgebrüll. „Gluckgluck", macht Sami. „Weg die schön Knet-Schiff. Blubb-blubb." Unser Gelächter wirkt Wunder gegen Fabi-Wut. „Die Schiff, hihi. Schön Knete-Schiff", kichert Fabian. Hundert Extrapunkte for the very best Sami-Fabi-Sitter!

Papa fällt das Hochhaus ein, wo die Leute auch ganz oben in der zwölften Etage den Wasserhahn aufdrehen wollen. Also her mit Schlauch und Trichter. Wir halten den Schlauch auf verschiedene Höhen. Jeder will Wasser nachfüllen. Fabian staunt, wenn es im Schlauch steigt und wieder fällt. Papa erklärt ihm, wie das Wasser bei uns daheim in der Wasserleitung bis unters Dach hinaufsteigen kann.

HOCHBEHÄLTER heißt das Zauberwort. Ach ja, drüben am Hausberg das Wasserhäuschen. Ziemlich weit oben liegt es. In den Berg hinein ist ein großes Speicherbecken gebaut mit einer Leitung ins Tal. Dieses Becken ist immer voll Wasser, damit wir in unserem Kuhdorf niemals verdursten müssen.

Später spielen wir SCHIFFE VERSENKEN. Das kapieren Ali und Sami fix, auch ohne „Deutsches Sprache - schweres Sprache!“. Fabian spielt mit Mama zusammen. Bei jedem „Volltreffer! Versenkt!“ strahlt er seine Mamsi an. Das ist sein Spiel. Muss ich mir unbedingt merken.

Die Zeit hat es bei Regen extra eilig. Nullkommanull mit Schlechtwetterlangeweile. Erst recht nix mit `ohne-Glotze-Frust´. Ich bin voll gut drauf. Dago und Quito kuscheln sich auf die Hundedecke, halten Regenschlaf. Erst der Hunger lässt sie munter werden. Ali und Sami amüsieren sich, weil Hund und Kater dicht nebeneinander aus Dagos Schüssel fressen. „Sweet little tomcat!“, freut sich Sami. „Wonderful dog!“, lobt Ali. „So gutes Dago-Hund!“

Um Punkt 18:15 macht Sami seinem Bruder ein Zeichen. „Ab nach Hause!“, soll das wohl heißen. Die beiden Iraker bedanken sich höflich bei Mama und Papa. Wir Kids werden umarmt. Morgen? Ja, klaro. Wieder morgen. Bald nach die Frühstück?

Na klasse! „Zwei prima Jungs!“ Wir schauen ihnen hinterher, wie sie barfuß über dicke Pfützen springen mit ihren ulkigen Umhängen. „Und auffallend gut erzogen“, lobt Mama. Fiona und ich klatschen uns ab. Perfekt, Schwester!

Hättet ihr euch auch so viel Spannendes einfallen lassen an ´nem stinköden Regentag? Kannst dir gerne merken, was man da so machen kann. Statt vor Langeweile am

Daumen zu nuckeln, meine ich. Okay, Videos gucken zum Beispiel geht auch. Und Computerspiele. Macht lange nicht solchen Spaß. Garantiert! Haben hinterher wenigstens alle gesagt. Sogar mein süßes Meckerbrüderchen!

Heute ist ein wunderschöner Tag...

9. Kapitel: Schleimikröte und Mini-Vampire?

Müde bin ich nach diesem lustigen Tag kein bisschen. „Hat noch wer Bock auf ´ne Nachtwanderung?“ Mama zieht ihre rechte Augenbraue hoch. Das kommt vor Stirnrunzeln.

„Klingt doch super, Franzi! Kannst gerne hierbleiben. Eine gemütliche Runde lesen?“ Oh ja, darauf hat unsere Mutter mehr Bock. Wir anderen steigen in die noch feuchten Jacken und Stiefel. Schnell werden sie warm beim Laufen. Hund und Kater springen vorneweg. Sie haben beide ausgeschlafen, sind topfit. Fabi-Zwerg hält tapfer mit bei diesem Regenjoggen. Für Finns Nachtwanderung ist es noch nicht dunkel genug. Nur wolkengrau. Vor einem Schild bleibt Papa stehen. „Lies mal, Finn!“ Kann er das nicht selber? „WASSERSCHUTZGEBIET. Warum?“ Erstaunt gucken wir ihn an. „Ja, aber was kann das wohl bedeuten?“

„Schutz für Wasser, logisch!“, ruft Fabian stolz.

„Hier ist doch nur Wiese. Der See ist da drüben.“ Muss ich das kapieren? „Schon mal was gehört von Grundwasser?“, gibt Fiona an. Logisch. Und wie soll man das hier schützen? Fabian stellt meine Frage laut. „Keinen Stinkemüll wegschmeißen?“, rate ich drauflos. „Der vergammelt, das dringt dann in den Boden ein, bis runter ins Grundwasser", sagt Fiona. „Vor allem keine Giftstoffe!", sagt Papa. Hä? Wer schmeißt denn GIFT an unseren Loch-Kies? Papa berichtet von Leuten, die ihren Sondermüll in der Natur entsorgen. Farbeimer mit Resten drin, Altöl, Batterien … „Bäää! So ′ne Sauerei!", motzt Fabian. „Eine Riesensauerei!", nickt Papa.

Die Bauern dürfen auch keine Gülle herbringen. Dafür richtet die Wasserrechtsbehörde solche besonderen Schutzgebiete ein. Es gibt sogar ein Wasserrechtsgesetz. So was weiß unser schlauer Vater! Kann der Finn sich das merken?

Schon setzt Paps sich wieder in Trab durch den weichen Nieselregen. Fast unheimlich, wie der Dunst drüben aus dem See aufsteigt. „Gleich taucht sie auf, die wunderschöne NEBELNIXE, und singt ihr trauriges Lied für den Fabi", lästere ich schnaufend. „Nee, die grässliche NEBELHEXE. Huhuhu!", macht Fabian. „Die zieht den süßen Finn ins tiefe Wasser runter." Wir legen eine kurze Verschnaufpause ein, hopsen auf der Stelle, lassen Schultern und Füße kreisen. Dago schüttelt sich. „Igitt, du nasses Ferkel!", motzt Fiona. „Na klar, bist ja auch noch trocken wie ′ne uralte Brezel, haha!", kann ich mir nicht verkneifen.

„He! Seht mal! Da! Da drüben! Das Ungeheuer vom Loch-Kies!" Papa zeigt in den Dunst. Aua-Aua! „Quatsch! Nix Ungeheuer! Da angelt einer", sage ich mit einer Gänsehaut. „Hallooh, Angler!", schreit Fabian. Paps wird sauer: „Bist du wohl leise! Der da im Ruderboot ist der Olli Kleinhans, mein Kollege. Verjagst ihm durch dein albernes Geschrei die Fische."

„Wieso? Hören die unter Wasser?", fragt Fiona. Ich muss kichern. „Den Schreihals hören sie, jede Wette. Auch die Enten. Die tauchen schon ab, weil sie sich nicht die Ohren zuhalten können." - „Quatsch, die suchen ihr Abendbrot." Fabian fängt an zu singen: „Alle meine Entchen suchen Abendbrot …" Papa macht mit: „Bis zum Morgenrot…" „Und wenn sie nix finden, dann sinn se alle tot", mache ich weiter. „Stimmt das?" Fabian guckt erschrocken. „Du, die finden doch immer was, ja?" Papa erklärt ihm, dass genug Grünzeug für alle Fische und Schwimmvögel im Wasser schwimmt. Für alle die hübschen Haubentaucher und Blesshühner natürlich genauso. Auch warum Wasser die Töne besser leiten kann als die Luft. Upps! Die armen Fische! Bei unserem Höllenlärm am Steg! Wohin die wohl abtauchen? Tja, Finn Wellner, wieder was dazugelernt zum Wasser.

„Ja, und zu trinken haben sie den ganzen See voll." Fabian lacht zufrieden. „Sind die froh, wenn die Ferien vorbei sind?" Kurze Lufthol-Pause. „Duuu, Papsi, ohne Trinken lebt man nur zwei Tage, sagt der Max. Ohne Essen ′ne ganze Woche." - „He! Was hast du meinem Bruder für ′nen Mist erzählt? Na warte, Max!", knurre ich in mich rein.

Ist aber kein Mist. Trinken ist nämlich wichtiger als feste Nahrung. Nicht nur für uns Menschen. Fotos aus der Wüste fallen mir ein. Da liegen die verdursteten Tiere rum neben verdorrten Sträuchern. Sind nur noch paar Knochen und Fell übrig. Muss schlimm sein, wenn man kein Wasser findet und nach zweieinhalb Tagen auf einmal umfällt.

Wir laufen wieder los. „Stop!" Papa bremst plötzlich ab. Fabian landet in seinem Rücken. „Autsch! Was ′n los, Papsi?" Vor uns hockt was Dunkles mitten auf dem Weg. Quito schnuppert vorsichtig näher ran. Das Dunkle liegt still da. Mein Kater macht einen hastigen Satz rückwärts, als es sich schwerfällig bewegt. Dago zeigt null Interesse an dem Wesen. „SCHLEIMIKRÖTEN sind nicht euer Ding, was?“, lache ich. Meine Schwester mag so was Glitschiges auch nicht. Sie verkriecht sich hinter mir. „Musst sie küssen, die Kröte“, ärgere ich sie. „Is jede Wette ′n verzauberter Prinz. Noch viel schöner als …“ - „Vollpfosten!“ Sie boxt mich, aber nicht zickenmäßig. Der glitschige Zauberprinz mag wohl keine Fiona-Küsse. Mit langsamen Bewegungen hüpft er auf das Uferschilf zu. „Und weiter geht ′s!“, kommandiert unser Vater.

Wir weichen jeder Menge Schnecken aus, mit und ohne Haus. Wieder stoppt Papa und horcht angestrengt. „War das eben noch ein einsamer Nachtvogel oder schon eine erste Fledermaus?“ Ja, da war ein lautloser dunkler Schatten über unseren Köpfen. „FLEDERMAUS?“, kreischt Fiona los. „So ′n grässlicher Mini-Vampir?“ - „Echt? Gibt ′s welche?“ Klingt doch aufregend. „Natürlich. Die fühlen sich sogar ausgesprochen wohl nachts am Wasser“, sagt Paps. „Wenn du Lust hast, Finn, machen wir mal eine extra Fledermauswanderung mit. Dabei kann man sie beobachten und ihre spitzen Schreitöne orten, über sogenannte Ultraschalldetektoren.“ - „Ultra, - äh, - dingsbums? Wieso, Papsi?“ Fabian will genau wissen, was das sein soll.

FLEDERMAUS-DETEKTOREN werden diese kleinen elektronischen Geräte auch genannt. „Weil unsere Ohren die Ultraschall-Laute dieser besonderen Tierchen sonst nur schwer wahrnehmen können“, lernen wir.

Äh, wie bitte? Mit Ultraschall orientieren die Fledermäuse sich und unterhalten sich so auch untereinander? Wow!

Klingt ja noch aufregender. Findet jetzt sogar unsere Schwester. Fledermäuse haben extragroße Ohren. Mit denen fangen sie SCHALLWELLEN auf. Ihr winziges Gehirn kann danach genau die Flugrichtung und das Tempo der Beute errechnen, lernen wir weiter.

„Schallige Wellen? Wasserwellen?“, wundert sich Fabian. Papa versucht, ihm den Unterschied zu erklären. Und er hält uns einen spannenden Vortrag über diese artgeschützten fliegenden Säugetierchen. Zwischen den so ähnlich wie `Fingern´ ihrer Flügel wachsen ihnen nämlich Flughäute. Über 900 Fledermausarten soll es geben. Buff! Soo viele! MOPSFLEDERMAUS heißt eine. „Cool! Sieht die mopsig aus?“, kichert Fabian. Da muss sogar unser Vater passen.

Aber was anderes fragt er: „Schätz mal, wie alt deine süßen Mini-Vampire werden können, Fio.“ Tja, wir schätzen alle verkehrt. „Bis zu dreißig Jahre“, erinnert sich Paps. „Und ratet mal, welche eurer Lieblingsinsekten sie nachts besonders gerne jagen.“ Was gibt es denn da zu jagen, wenn die nervigen Flügelwinzlinge schlafen? Denkste mal wieder, Finn! Die fiesen Blutsauger-Mücken nämlich, die schlafen genau nachts gar nicht. „Danke, ihr netten Flügelmäuse! Futtert die alle auf, die blutigen Biester! Ratzeputz bitte!“, ruft Fabian in die Luft. Den ulkigen Spruch hat er von der Omi Rieke. Aber womöglich kennen Fledermäuse den auch und hören auf meinen Bruder und seine Bitte?

Papa grinst mich vergnügt an. Tja, woher weiß er das alles, unser Vater? „Das mit dieser Wanderung ist also schon mal gebongt?“, hake ich nach.

Fabian, - wow, und sogar Fiona(!!) nicken. Paps freut sich. „Bestimmt hat eure Mutter auch Lust drauf. Wir erzählen ihr nachher gleich davon."

„Was machen wir bei dieser Wanderung?" Das will ich noch wissen. „Ganz simpel! Bei Einbruch der Dunkelheit geht die Gruppe los, einfach ein Stück um den See herum, und beobachtet diese interessanten und sehr aktiven Nachtjäger. Die übrigens alles andere sind als deine Blutsauger-Vampire, Fio. Sie gehören sogar zu den wertvollsten Tieren. Zufrieden?" Das ist nicht nur unsere Schwester. Na dann! Weiter geht´s durch den Regen, Leute!

„Ist ja abends richtig Hochbetrieb hier", stöhnt Fiona. „Passt auf! Gleich kommt noch ein Regiment langer Regenwürmer raus zum Duschen", lacht Paps. Also Weiterjoggen mit Bodenblick. Meine Gummistiefel sind schwer wie Blei. Aus dem Nieselregen wird ein kurzer kleiner Wolkenbruch. Die pitschnasse Regenjacke stört beim Laufen. Soll ich barfuß im T-Shirt weiterlaufen? Und die Sachen schleppen? Nee. Also durchhalten, Finn! Ente müsste man sein! Dago oder Quito. Die brauchen keine Gummistiefel und lästige Regenjacken.

Die gibt ´s bei euch auch, diese wertvollen Fledermäuse? Warst du schon mit bei solcher Nachtwanderung? Ist nur ein kleines bisschen gruselig im Dunkeln? Ehrlich?

Neugierig bin ich auf diesen komischen Detektor. Hat der vielleicht was mit ´nem Fledermaus-Detektiv zu tun? Klingt ja ähnlich.

So ´n Teil könnte ich mir eigentlich wünschen. Zu meinem nächsten Geburtstag? Dann lade ich nämlich die ganze Klasse ein. Zum bisschen gruseligen Fledermaus-Detektiv-Spielen, mit Detektor!

10. Kapitel: Blubberblasen und Super-Paule

Der Dunst wird dichter. „Du, Papsi“, keucht Fabian. „Der Nebel von der Hexe, der is auch aus Wasser, ja?“ Wie meint er das denn? Ach so! Der Kochtopf in unserer Schulküche fällt mir ein. Die Frau Bach hatte Wasser drin kochen lassen, und wir sollten den Dampf beobachten. WASSERDAMPF. Der ließ sogar den schweren Topfdeckel `tanzen´. Tropfte danach als Wasser vom Topfdeckel runter, dieser heiße Dampf. Wie hießen diese Tropfen denn noch?

Fiona weiß es: „KONDENSWASSER. Kannste dir ruhig mal merken, Finnchen. Bist doch sonst so ´n Schlaukeks.“

Aber wieso steigt der Nebel aus dem See auf? „Da kocht ja gar nix“, wundert sich Fabian einmal mehr.

„Dampf ist dieser Nebel trotzdem“, erklärt Papa. „Er wird gasförmiges Wasser genannt.“

Fiona weiß auch das: „Wasser mit der chemischen Formel H_2O gibt es in drei verschiedenen Zuständen: flüssig, fest und gasförmig.“ Ach ja? Wenn du in die siebte Klasse kommst, musst du das wissen? Hab ich noch zwei Jährchen Zeit. Ich merk ´s mir trotzdem schon mal im Hinterkopf.

„Fest ist es Eis. Schnee auch.“ Fabian begreift. „Flüssig ist der Eulensee. Gasig ist Hexen-Nebel. Und was ist dann diskilliertes HO2?“ Wie bitte, Kurzer? Wo haste das wieder aufgeschnappt, du Super-Zwerg?

Lachend verbessert Papa: „DESTILLIERT heißt es. Und nicht HO_2, sondern H_2O, die Formel für Wasser. Trotzdem dreihundert Punkte für Kandidat Fabi!“, lobt Papa seinen Jüngsten. „Jetzt alle Mann rein und fix raus aus den nassen Sachen!“ Oh, sind wir schon wieder am Wohnwagen? Also das mit dem Nebel und dem `destillierten H_2O´ muss ich ein anderes Mal genauer fragen. Hat das was zu tun damit, wenn die Autofenster im Kalten von innen total beschlagen? Und der liebe Finn sie freiwillig abwischen darf, weil sonst unser armer Fahrer nix mehr sieht? He, warum das nicht einfach auch mal fix googeln? Muss man schließlich wissen!

Mama sitzt am Eingang vom Vorzelt, schaut den dicken Tropfen zu. „Was machst du da, Mamsi?“, fragt Fabian. „Guck mal auf die Pfütze. Erkennst du was?“

Upps, was meint sie? Ach so, die Ringe und lauter große Blubberblasen. Verschieden laufen die Ringe auseinander. `Blubb!´ und immer wieder `Blubb! Blubb!´ machen die Blasen. Voll lustig sieht das aus. Ist mir nie so aufgefallen.

„Wie Steine in den See schmeißen“, meint Fiona. „Da gibt es jedes Mal noch größere Ringe, die laufen zueinander.“ „Irgendwie beruhigend diese Tropfen, Franzi-Schatz.“ Paps hockt sich neben Mama. Mit genug Abstand, weil er ja auch ziemlich tropft, von oben bis unten.

Denkste! Papas Ruhe ist schon vorbei! Unser Kurzer hopst mitten rein in die Pfütze und trampelt wild drin rum. Das ist jetzt genau mein Ding! Mit vier Gummistiefeln spritzt es deutlich weiter in die Runde. Mama und Fiona flüchten schimpfend. Papa schaut unseren albernen Regentänzen sehnsüchtig zu. Armes Papsilein! Für Pfützengaudi bist du ehrlich viel zu alt, ja? Mit Vierzig, Manno!

Endlich hängen noch zwei triefende Jacken und die Regenhosen unterm Zeltdach. Wir kuscheln uns aneinander auf der Wohnwageneckbank, gemütlich in Wolldecken, und trinken leckerheißen Vanillemilch-Kakao.

„Ihr Regenjogger seid richtig gut drauf", freut sich unsere Mutter. Fabian erzählt mit Händen und Füßen, was unterwegs alles los war. „Ach", seufzt Mama. „Hätte ich gewusst, wie superspannend Joggen im Nebel ist, da wäre ich doch lieber mit euch Regenjogger gewesen, statt hier in meinem langweiligen Buch." Dabei blinzelt sie ihrem grinsenden Björn-Schatzi listig zu. Typisch Erwachsene!

Unsere mal gerade weniger schöne, weil nasse Schwester erscheint mit ihrem extragroßen rosa Fiona-Badehandtuch und Shower-Gel. „Bin dann mal duschen."

„Du, warte, ich hab auch dringend heißes Wasser nötig." Unsere Mutter beeilt sich, ihr hinterherzukommen. Zu dritt ziehen sie los Richtung SANITÄRANLAGEN. Der Fabian hat es nämlich plötzlich mächtig eilig nach zwei randvollen Kakaobechern.

Ich überlege kurz: Sollen wir morgen früh im Clubraum Tischtennis-Doppel spielen? Mit Sami und Ali. Nur falls es immer weiter regnet, logisch. Dann lasse ich mir auf Papas Laptop zuerst was über diese `Wasserschutzgebiete´ zeigen. Tom und Max wissen das noch nicht, jede Wette!

Später hocken wir im Zelteingang und gucken raus in den warmen Sommerregen. Gähn! Ist auch schon Punkt 20:55. War ´n ziemlich langer Tag, dieser Dauerregentag. Quito hat sich in meinem Ärmel versteckt und schläft. Das steckt an.

„Sooo doofer Regen, Manno!" Fabian stöhnt laut.

„Halt mal die Luft an, Bübchen!“, motzt Fiona. „Darf ´s nicht mal einen einzigen Tag regnen? Der See hat sowieso schon Niedrigwasser, du kleiner Scherzkeks.“

„Mir is aber sooo langweilig.“ Eine Fabi-Hand knetet Dagos Ohren, die andere dreht eine Fabi-Stirnlocke. Die Fabi-Mundwinkel zucken verdächtig. „Hallo, kein Gebrüll bitte, Zwerg!“, flehe ich lautlos.

„Da ist wohl eher einer reichlich müde, mein kleiner Löckchendreher“, vermutet Mama über ihr Buch weg. „Zähneputzen! Mit gründlich Karius-und-Baktus-Ausspülen! Dann husch ab mit dir in den Schlafsack, Fabischatz!“

„Hallo, Leute, hört mal her!“ Papa winkt uns an seinen Laptop. „Was mein alter Schulfreund, der Paule, mir gerade schreibt. Ihr wisst doch …“

„Der nach Südafrika ausgewandert ist. Irgendwann bald nach eurem Abitur. Und der auch noch ein Haus in Brasilien hat. Jajaja“, sagt Mama. „Stimmt! Euer SUPERPAULE“, ergänzt Fiona wissend.

„Bingo, die Damen. Und genau der schreibt mir folgendes: `Momentan befinde ich mich noch am Kap der guten Hoffnung, obwohl es ziemlich hoffnungslos erscheint, dass sich die Katastrophe der völligen Austrocknung aller Wasserspeicher hier noch abwenden wird. Wir haben eine Wasserration von fünfzig Litern pro Tag, - und das ist nicht mehr erträglich. Ich gehe davon aus, dass es bald keine Wasserversorgung aus den Wasserhähnen mehr geben wird. Dann wird man sich das Wasser in Behältern an verschiedenen Stellen abholen müssen. Da ist es vorprogrammiert, dass Gewalttätigkeiten entstehen werden. Ich ziehe mich in den nächsten Tagen nach Johannesburg zurück, wo ich auch noch ein Haus habe und wo es reichlich Wasser gibt´.

Papa schaut Fabian an. „Da sagst du nichts mehr, mein Sohn?“ Fabian hält den Kopf schief und peilt in den Regen raus. Kapiert er überhaupt, was er soeben gehört hat?

„Na, noch mal ein dickes Bingo! Wie das jetzt zu unserem Wasserthema passt! Wie das dicke Jägerschnitzel in die Bratpfanne!“, sagt Mama energisch. „Ach ja“, seufzt Papa. „Bisher haben wir, die damals in Deutschland geblieben sind, den mutigen Paule manchmal beneidet um Südafrika. Aber jetzt? An dem Wassermangel dort sind übrigens die Flugzeuge entscheidend mitbeteiligt, in denen der Paule mal fix nach Johannesburg davonfliegt.“ Verblüfft gucken wir unseren Vater an.

„Was haben die denn wohl damit zu tun, Papsi?“ Nicht nur Fiona fühlt sich auf den Arm genommen.

„Du meinst durch die gewaltigen Mengen an Abgasen, die alle Flieger produzieren?“, fragt Mama. „Die wir nur als hübsche weiße lange Kondensstreifen am blauen Himmel bewundern dürfen.“

„Wieder Bingo, Franzischatz! Haargenau die meine ich. Auch denen haben wir den Klimawandel mit zu verdanken. Und dadurch dann die Wasserprobleme zum Beispiel. Naja, Hauptsache die schlauen Menschen können weit über die ganze Welt herumfliegen. Immer dahin, wo es das kostbare Wasser noch reichlich und natürlich auf Vorrat gibt.“

Jetzt sagst du nix mehr, oder? Das verschlägt einem echt die Sprache. Klingt eher wie ein schlechter Witz, oder?

Das haben die Leute von ihrer superschönen Umgebung da unten an ihrem so berühmten Kap der guten Hoffnung. Hoffen? Klar, aber auf genug Wasser aus dem Wasserhahn. Und ausgerechnet die Flugzeuge sollen mit dran schuld sein? Da soll einer erst mal drauf kommen. Das wärst du sicher auch nicht. Nee, du, der Finn wandert später niemals irgendwohin aus. Das schwöre ich dir jetzt und hier!

11. Kapitel: Land unter! Traumwetter am Loch-Kies!

Wir sind eben fertig mit Brötchenkauen, da steht Sami im Zelteingang und streicht sich die pitschnassen Haare aus der Stirn. Allein ist er. Er verbeugt sich vor Mama und Fiona. „Ali heute nix Zeit. Muss helfen Vater und Onkel Achmed.“ Aha, der hat ´s nicht so gut wie wir Urlauber. Wir hocken uns um den Klapptisch, spielen ein paar Runden von Fabis Lieblingsspiel UNO. Dreimal `Mensch-ärger-dich-nicht´. Mit Rausschmeißen! Bock auf ´ne Regenrunde hat heute keiner. Nicht mal Hund und Kater. Nach zehn Minuten war Papa vorhin zurück von der Dago-Häufchenrunde. Das muss reichen bis zum Mittag.
Um Punkt 12:03 schreit Fabi los: „Sonne!! Jippiiieh!“
Wolkenlücken! Wow! Wird ´s wieder schön? Oder bloß mal Regenpause? Der böige Wind entscheidet schnell: Nix mit nur Regenpause. In genau 31 Minuten pustet er die dunkelgrauen Wolken quer über den See davon. Die Wasserfläche fängt an zu dampfen. Wasserkreislauf, jaja. Steigt wieder auf, ihr Regentröpfchen, für die neuen dicken Wolken! Die aber bitte anderswo! Wir hatten genug Ferienregen.

Gleich sind die ersten Surfer draußen mit den knallbunten Segeln. So fix, wie der Himmel ferienblau ist, so fix ist der Steg voller Kids in allen Größen. Nach gewitterweichem Regen schwimmt es sich extra gut. Kaum abgekühlt hat sich das Wasser. Als erster ist Dago drin. Wir schmeißen ihm abwechselnd Stöckchen. Ein hellblaues Schlauchboot mit zwei langen Storchenbeinen nähert sich dem Steg.

„Papsi, du bist ein Schatz!“ Fiona stürzt auf mein Geburtstagsschlauchboot zu. „Fragen wir mal erst den Finn“, grunzt Papas tiefe Stimme unter dem Hellblau heraus. Na also! „Danke fürs Bringen!“, sage ich locker. „Willst du die erste Runde drauf, Papsi?“ Fionas Blick ist das hundertpro wert.

„Die Idee könnte von mir sein, mein Sohn.“ Mit Schwung landet das Himmelblau im See. Papas cooler Startsprung ist olympiareif. Na ja, ich sag mal fast.

Mit gleichmäßigen Armbewegungen treiben Schlauchboot und Vater übers Wasser. „Danach könnt ihr ´s haben.“ Ich smile meine Lieblingsschwester großzügig an, nicke ihrem Traumprinzen kurz zu. „Nee, danke. Mal später vielleicht, Vollpfosten!“ Sie zieht ihren grinsenden Sami mit sich.

„Du mich auch, Tusse!“, knurre ich ihr hinterher. Habe ich, der liebe Finn-Bruder, das etwa nötig? Quito schnurrt zart um meine Beine. „Magst auch ins Wasser, Kleiner? Komm, Herrchen nimmt dich mit.“ Er schmiegt sich an meinen noch schwimmnassen Bauch. Eine halb gekonnte Arschbombe, platsch… Prustend tauche ich auf. Zwei Meter neben mir zappeln vier Pfötchen. „Quito, he!“ Fix bin ich bei ihm, hebe ihn mit einer Hand aus dem Wasser. Weit offen sind die Bernsteinäuglein, voller Panik. Buff, Finn-Trottel! Das war wohl der Volltreffer hoch zweihundert.

Sorry, Kleines! Hast dich doll erschrocken, was? „Finn! Hier!“ Zwei braune Arme strecken sich uns entgegen. Sami, Danke! Wir werden auf den Steg gehievt. Da hocken wir nebeneinander, ohne Fiona. „War nix gut. Quito hat großes Angst.“ Behutsam wischt Sami das Wasser aus den Kateraugen. Zitternd drückt Quito sich an mich. „Bist halt nur ein halber Wasserkater“, sage ich. „Tut mir echt leid.“ Hättste selber drauf kommen dürfen, Finn Wellner-Oberschlaukopf! Mein armes Kerlchen. Wie deppert kann dein Herrchen denn sein?

„Heute besser nix mehr Wasser for little tom-cat“, meint Sami. „No water?“ - „Miau! Miauu!“ Zaghaft klingt das. Gar nicht wie mutiger Quito-Wasserkater. „Miauuu!“

Das Schnäuzchen stupst weich an mein Knie. Heißt das, Entschuldigung angenommen? Eine Weile lassen wir die Beine vom Steg baumeln und die Sonne uns trocknen. Dago patscht zu uns her, schüttelt uns von oben bis unten wieder nass, lässt sich schnaufend neben Samis Knie fallen. Braune Hundeaugen schauen vom Kater zum Herrchen. Jaja, so ′nen Scheiß macht euer Herrchen nie mehr, versprochen.

Fiona kauert sich zu uns. Honigsüß. „Hi, Sami!“ Sie stupst Quitos Näschen, beklopft Dagos Hinterteil. Tja, Traumprinz, deine Prinzessin kann auch anders. Wir `Männer′ zwinkern uns allwissend zu.

Quito räkelt sich neben mir in der Sonne. Schon tapst Willi zu ihm, mit hocherhobenem Schwanz. Ein kurzes Hallo-Kleiner-Schnuppern, dann liegt er neben ihm. Ganz dicht angekuschelt. Quito ist schnell langweilig. Er steht auf, schnuffelt an Willis Ohren und leckt dran rum. Was machst du da, Quito? Upps, er putzt dem Willi das linke Ohr. Der Dicke hält still. Ausgiebig wird geputzt. Rumdrehen, Willi! Quito stupst ihn an. Nee, bin zu faul! Nix da! Der Kleine legt seine Vorderpfote über den Großen. Tatsächlich schafft mein Minikater es beim dritten Anlauf, den doppelt so schweren Willi auf die andere Seite zu wälzen.

Das zweite Ohr ist dran, danach das Nackenfell, ebenso ausgiebig. Und wieder hält Willi nach kurzem Protest ganz still. Scheint ihm wahrhaftig zu gefallen. Wir beobachten die beiden kichernd. Fast eine halbe Stunde dauert die Schönheitspflege. Kater müsste man sein! Dago käme nie auf die verrückte Idee. Ob er sich auch vom Kater putzen lässt? Erst ist jetzt Quito mal selber dran. Er leckt sich der Reihe nach die weißen Pfoten sauber. „Bist du ein nettes Kerlchen, mein kleiner Herr Saubermann!“ Willi beobachtet schläfrig. Quito stupst ihn ein paarmal an. Spielen, Dicker! Widerwillig rappelt Tiger-Willi sich auf zum wilden Spaß-Balgen und Fellraufen.

Was Himmelblaues nähert sich dem Steg. „Hallo, ihr da oben. Dreht ihr auch ´ne Runde?“ Fiona peilt zu mir. „Haut schon ab!“ Der Finn hält schließlich Wort. „Danke, Finn!“ Sami zieht die Mundwinkel bis zu den Ohren. So schnell kannste kaum gucken, wie seine Prinzessin ihn ins Wasser geschubst hat.

„Herrlich! Muss dein Vater sich öfter gönnen.“ Lange Beine strecken sich neben mir aus. „Wo stecken denn deine Kumpel?“ - „Weiß nich. Mir geht´s gut hier, Papsi.“

Ich kraule Dagos Fell mit dem rechten großen Zeh.

„Wasser hat was. Auch wenn es nur unser Teich hier ist.“ Paps wuschelt sich durch die triefnassen Haare. „Wasser plus Sommerferien. Was gibt es noch mehr?“

Teich? Von wegen! Wer hat schon seinen Traumsee vor der Haustür? „Bist nicht enttäuscht, weil wir dieses Jahr nicht auf die Insel fahren?“ - „Nöö. Sollte ich?“ Ich gucke ihn von der Seite an. „Natürlich nicht.“ Papa lächelt. „Da oben im Norden ist es gerade kein Vergnügen, weißt du.“ Weiß ich nicht. Was meint er? „Wieso? Null Ahnung. Was is ´n da los? Stimmt was nicht auf der Insel?“

„Seit letzter Nacht ist dort LAND UNTER. Genau jetzt, wo die Münchner da rumhängen.“ Schreck lass nach! Ich starre ihn verblüfft an. Das klingt ziemlich nach Ärger!

„Wie unsere bayerischen Landratten wohl klar kommen mit Windstärken bis zum Orkan und Flutwellen hoch wie die Häuser?“ Bedrückt schaut er ins spiegelglatte Wasser. „Ich hab es vorhin erst gehört, mach mir echte Sorgen.“ Upps, das will was heißen bei unserem Vater. Muss heftig sein an der Nordsee. Kann ich mir gerade schlecht vorstellen hier an unserem Sommerurlaubsteich. Orkan? Nee, danke!

„Wenn diese schlimmen Unwetter da oben bloß endlich abziehen“, meint Papa mit ungewohnt wackliger Stimme. „Was sagen Opi Hein und Omi Rieke, wie lange das noch so weitergeht?“ Ich fange jetzt auch mit Sorgenmachen an. Papa sagt leise: „Wenn ich das wüsste. Ich kann sie nicht erreichen. Da scheint nix mehr zu funktionieren. Mensch, verflucht! Müssen die sich ausgerechnet auf dieser blöden Insel verkriechen?“ Na, aber halleluja! Genau diese Insel ist einmalig, sagst du sonst, lieber Vater. Nie willst du mal woanders hin in den Ferien. Nordseewellen und Wattschlick bei Ebbe. „Tauchen wie drei junge Seehunde mit der dicken Robbe um die Wette“, lästert Mama oft, wenn wir ewig nicht aus dem Salzwasser rauskommen. Sie winkt nur wie wild herum, falls wir aus Versehen zu nahe an die dicken Steine dieser endlosen WELLENBRECHER rangetrieben werden. Ach, Papsi, was denn nun? Soll einer seine Eltern verstehen! Leicht ist das meistens eher nicht.

„Land unter geht vorbei. Reg dich nicht auf, Papsi.“ Meine Stimme klingt wenig überzeugend, oder? „Reg ich mich aber. Du hast noch keine Sturmflut auf den Inseln miterlebt, mein Sohn. Dabei vergeht uns Binnenländern das Lachen. NORDSEE-MORDSEE, wissen die Einheimischen.“

Ich sehe ihn verdutzt an. „So schlimm? Echt?“ Kann ich das ahnen? Diese Nordsee kennen wir Kids eher von ihrer Schokoladenseite. Höchstens mal traumhaft hohe schneeweiße Schaumkronen-Wellen, die Megaspaß machen beim Reintauchen. Und manchmal plötzlich heftige Windböen, die versuchen, dich beim Radfahren vom Deich zu pusten.

„Noch schlimmer.“ Papa seufzt. „Ach, Finn, Wasser kann grausam sein. Wenn es deutlich zu viel ist, ähnlich wie bei Noahs berühmter Sintflut. Aber das dazu in Verbindung mit Sturm! Böse, Finn, sag ich dir!! Manchen gestandenen Bootsmann oder Skipper hat die raue See geholt, obwohl er sich bestens auskannte mit den Tücken der Meere.“

Mir läuft es kalt über den Rücken. Eine Fast-Sintflut und Orkanstürme auf der Insel muss ich nicht unbedingt erleben.

„Besonders schlimm wird es, sobald der Orkan die Flutwellen in die Flussmündungen zurückdrängt. In die Elbe oder Weser zum Beispiel. Im Hamburger Hafen steigt das Wasser, bis es in die Innenstadt läuft. Ein solch schlimmes Hochwasser haben deine Großeltern in den Sechzigerjahren erlebt. Noch junge Leute waren sie damals. Als freiwillige Helfer sind sie tagelang mit im Einsatz gewesen. Die von der Flut eingeschlossenen Menschen hinter den kaputten Deichen wurden mit Hubschraubern von ihren Hausdächern geborgen. Oma Rieke zeigt euch gerne die alten Zeitungsberichte, wenn wir das nächste Mal auf ihrer Insel sind."

He, ist Wasser also beides: lebensnotwendig und lebensgefährlich? „Ähnlich wie Feuer", sagt Papa. „Wie Strom auch. Falls du dich noch an deinen Ohne-Strom-Vierzigsten erinnerst", sage ich. Papa nickt. „Na klar. Den vergesse ich doch nicht mal, wenn bei mir die Neun vorne steht. Weißt du, Finn, wir tollen Menschen können uns für extrem schlau halten. Legt die Natur mal so richtig wütend los, dann fühlen wir uns sehr, sehr klein. Völlig hilflos. Irgendwie nur noch ohnmächtig bei solcher tobenden Gewalt."

Arme Omi Rieke und Opi Hein! Und natürlich ihr armen vier Münchner Landratten. Unser Ilka-Mäuschen tut mir am meisten leid. Ob sie wohl bald zurückkommen?

Wer hätte gedacht, was Wasser alles anrichten kann!

Ich sortiere im Kopf: Hochwasser, Sturmflut, Überschwemmungen, Erdrutsche in den Bergen mit riesigen Schlammlawinen. Ach ja, Schneelawinen, logisch. Und die Unfälle beim Aquaplaning zählen doch auch?

„Zu wenig oder gar kein Wasser taugt genauso wenig", überlegt Papa. Klar, dann vertrocknet die Ernte. Stichwort `Hungersnot wegen Dürre´, erinnere ich mich. Kommt öfter in den Nachrichten. Irgendwo da unten in Afrika.

Abends kaut Fabian nachdenklich an seinem Stück Wurst. „Papsi", schmatzt er. „Gibt es auch einen OHNE-WASSER-TAG?" Wie bitte? Typischer Fabi-Blödsinn. Oder? „Nee, wieso das denn? Wasser ist immer da!" Ich tippe mir genervt an die Stirn.

„Ja, Finn. Einen Ohne-Wasser-Tag kann es auch geben. Ähnlich wie im Frühjahr unseren Ohne-Strom-Tag."

„Spaß oder Ernst, Papsi?“ Mein Bruder legt den Kopf schief.

„Mit etwas so Wichtigem wie Wasser macht nicht mal euer Vater seine Björn-Späße“, sagt Mama. „Wie ein kaputtes Kabel in der Stromleitung geht auch die Hauptwasserleitung mal kaputt. Sie kann aufplatzen zum Beispiel.“

„Wasserrohrbruch?“, erinnert sich Fiona. Paps nickt ihr zu. Stimmt! Im Winter ist das dann erst recht kein Spaß. Die Leitungen liegen tief unten im eishartgefrorenen Erdboden. Buff! Wer repariert so einen Wasserrohrbruch? Die Männer von der Wasserversorgung? Na klar, wer wohl sonst?

Paps erzählt weiter: „Manchmal müssen die Handwerker unseren Haupthahn im Keller zudrehen. Sollen sie zum Beispiel eine neue Waschmaschine anschließen, darf in dieser Zeit kein Wasser laufen.“ - „Dann kannst du jeden Wasserhahn aufdrehen, soweit du willst. Kommt kein Tröpfchen raus“, fällt mir ein. Wie dumm würde Fiona wohl gucken, wenn sie in der Dusche gerade voll Schaum wäre. Von oben bis unten. Und dann … kein Tröpfchen Wasser, hihi. Daran denkst du aber jetzt mal lieber nicht laut, Finn-Bruder!

„Das is nich ´n ganzer Ohne-Wasser-Tag, nöch?“, überlegt Fabian. „Nein, nur bis die Handwerker fertig sind und den Hahn im Keller wieder aufdrehen“, grinst Papa, als ob er bei mir Gedanken lesen kann. Stellt er sich gerade unsere eingeschäumte Mama vor? Da geht dann nicht mal Händewaschen. Nix mit Zähneputzen. Keine Klospülung. Ich muss kichern. Das wär ´s doch. Mal ´ne kurze Zeit Wasserruhe für den wasserscheuen Finn. Und wenn Fiona genau dann in ihre geliebte Badewanne will? Haha, geht auch nix. Geschieht ihr ganz recht, unserer Madame Saubermann.

Unser Vater versucht noch mal, die Großeltern und unsere vier Münchner auf der Insel zu erreichen. Nullkommanull! Laut fluchend schaltet er die 19 Uhr-Nachrichten ein. Die muss ich mitgucken. Tja, gar kein Wunder, wenn wir nicht durchkommen. Im Norden ist die Hölle los. Die ungewohnte Hitzewelle über Norddeutschland hat schwerste Unwetter ausgelöst. In Hamburg sind in Hafennähe die Straßen unter Wasser. Bis in die U-Bahnschächte ist es runtergelaufen. Die Feuerwehr hat Großeinsatz. Keller leerpumpen, umgestürzte Bäume wegräumen von Hausdächern, Straßen und Schienen, Fahrzeuge befreien aus dem Schlamm.

„Das Feuerwehrfest auf der Insel fällt buchstäblich ins Wasser. So ein Pech!“, bedauert Mama. „Der Opi, Hauke und Conni werden enttäuscht sein.“ Papa schaut sie groß an. „Die haben gerade andere Sorgen, liebe Franzi“, sagt er mit rauer Stimme. „Sie sollten lieber heilfroh sein, wenn sie nicht absaufen. Wie erreichen wir bloß deine Eltern? Ich mache mir inzwischen mächtige Sorgen, wie die auf ihrer Sturminsel zurechtkommen.“

„Total verrückt ist diese Umwelt. Im Norden geht die Welt unter, und wir haben am Loch-Kies wieder das absolute TRAUMWETTER.“ Fiona schüttelt genervt den Kopf. Das muss man nicht begreifen, soll das bei ihr heißen.

Tja, da hat sie leider ganz schön Recht, meine Lieblingsschwester. Kannst du dir schwer vorstellen, was es für ´n saudämliches Gefühl ist, wenn man seine eigenen Leute nicht mal übers Handy erreicht. Weil das Wetter mal wieder spinnt! Die bombige Ferienstimmung deswegen bei unseren Eltern in ziemlich tiefen Keller gerutscht.

Lässt man sich nicht direkt anmerken, aber so was spür ich. Kennst du von deinen alten Herrschaften? Tja, können wir nix als abwarten. Wie lange wohl?

12. Kapitel: Wasserräder und Schneekanonen

Am nächsten Morgen steht unser Nachbar Lukas vorm Zelt. „Hi, gibt ′s dich auch noch? Wo warste die ganze Woche?“ Er stöhnt. „Familienfete. Meine Oma hat ihren siebzigsten gefeiert. Ätzend, sag ich euch. Ab sofort mach ich Ferien am Loch-Kies, egal was kommt.“ Jetzt haben wir hier also drei Zwölfjährige: Fiona mit zwölfeinhalb, Sami mit zwölfzweidrittel und Lukas mit zwölfdreiviertel. In Kurzfassung: Alle drei werden irgendwann demnächst dreizehn.

Der Luki kommt mit dem genialen Vorschlag rüber: Wir bauen kleine WASSERRÄDER. Da wo der Erlenbach sein Wasser in den Eulensee schüttet, ist die Stelle dafür optimal, weiß Lukas. Unser Vater ist sofort Feuer und Flamme. Er hat früher mit seinem Bruder Hauke, also dem Papa von Conni und Ilka-Schätzchen, auch Wasserräder gebaut. Sein Freund durfte in Vaters Schreinerwerkstatt jede Menge Holzreste dafür mitgehen lassen.

Diesmal fährt Papa heim und holt Material: Sektkorken, lange Nägel, die kleine Handsäge. „Statt Holz passen für die Flügel auch Plastikteile“, erklärt Lukas. Wir löffeln eifrig Joghurtbecher leer und schneiden sie zurecht. Sechs oder acht gebogene Flügel bekommt jedes Wasserrad. Lukas setzt die fertigen Rädchen vorsichtig auf den Gepäckträger von dem alten Klapperfahrrad. „Gehört meiner Mum“, sagt er. „Mein Bike braucht ein neues Vorderrad.“

Paps und Fabian haben am meisten Spaß, als wir unsere Wasserrädchen im Bach befestigen. Gar nicht einfach ist es, passende Stöcke zu finden. Die brauchen nämlich eine Gabelung, damit wir daran unsere Sektkorken-Rädchen festmachen können. Zwischen großen Feldsteinen klemmen wir die Stöcke ein, immer zwei dicht zusammen, und legen die Wasserrädchen dazwischen. „Es geht, es geht! Jippiieh!“, kreischt Fabian und hockt sich ins Wasser, bis seine Hose klitschnass ist. „Du hast ´s gut, Quito!“, sagt er zum Kater. Der patscht neugierig zwischen unseren Kunstwerken herum und beschnuppert sie gründlich. „Wehe, du machst sie kaputt!“ Macht mein Kater doch nicht! Dago muss am Ufer bleiben. Seine Pfoten wären der sichere Tod unserer armen Wasserrädchen.

„So was müssten wir in richtig groß bauen“, meint Lukas.

„Wenn man bedenkt, wie diese riesengroßen Wasserräder in den Kraftwerken angetrieben werden“, meint Papa. „Wozu?“, fragt Fabian. He, Zwerg, kannste dir das nicht denken? Lukas hilft ihm. „Strom gibt das. Das Wasser hat nämlich jede Menge Kraft und treibt damit Turbinen an. Und die treiben dann den Generator an für den Strom.“ „Stimmt das, Papsi?“ Danke, Brüderchen! Das wüsste ich auch gerne. Paps nickt. „Früher wurde die Wasserkraft nur benutzt, um Mühlen anzutreiben, auch zum Beispiel Sägewerke. Heute gibt es diese gewaltigen Wasserkraftwerke an Flüssen oder am häufigsten im Gebirge.“

„Da waren wir mit der Klasse“, sagt Lukas. Ach so, daher weiß er das. Ob wir da auch mal hinfahren? Klingt direkt spannend! Jedenfalls verspricht Paps, uns nach den Ferien zu helfen, wenn wir ein richtiges Wasserrad aus Holz bauen wollen. Dabei müssen jedenfalls Sami und Ali würden mitmachen. Unbedingt!

Noch haben wir volle fünf Tage Eulensee-Urlaub vor uns. Und eine letzte Ferienwoche daheim.

Inzwischen sind jede Menge fremde Camper da. Am Auto hinten ein GB-Aufkleber neben dem gelben Nummernschild. Great Britain, erkläre ich Fabian. Der Fahrer sitzt rechts, wegen Linksverkehr in England. „Weiß ich lange", winkt Schlaumeier Fabian großkotzig ab. Aha! Auch gut!

Gelbe Nummernschilder, vorne und hinten. Die Niederländer. Blonde Kinder, die immer so gerne lachen, besonders die Mädchen mit den lustigen Sommersprossen. Sie können ganz gut Deutsch. Und Englisch. Sami palavert mit denen rum, als ob er sie schon ewig kennt. Am Steg wimmelt es jetzt von Kids und Hunden in allen Größen. Und Quito. Diese Holländer sind total verrückt nach ihm. Jeder will ihn streicheln, diesen Süüüßen. Finde ich fast schon nervig. Er und Dago dürfen sogar mit uns Tretboot fahren. Die beiden sitzen da drin, als wollten sie mit uns Amerika entdecken, sobald wir `in See stechen´.

Bei Luftmatratzen-Kämpfchen bleiben die Tiere allerdings auf dem Steg. Befehl vom Herrchen. Ist deutlich zu gefährlich für unsere Vierbeiner.

Fabian findet schnell jede Menge Zwergenfreunde. Am Kiesstrand bauen sie sich einen Hafen für ihre Schiffe. Naja, Miniboote eher, die sie da schwimmen lassen. Dabei ist es piepegal, in welcher Sprache `Kommandant Fabian´ seine Befehle gibt. Ich hätte glatt Bock mitzumachen. Nee, Finn, denn Max und Tom gehen mal wieder schnorcheln.

Weit weg vom Uferstreifen mit den hohen spitzen Blättern des Pfeilkrauts und den schwimmenden grünrunden Inseln vom Froschbiss, mit so kleinen weißen Blüten dazwischen. Tom kennt sich aus bei diesen lustigen Wasserpflanzennamen, vom Regenwasserteich in seinem Garten. Er weiß auch, wie gerne Wassertiere, - genau solche wie zweieinhalb Meter schwarze Max-Erschreck-Schlangen, - sich verstecken unter den dichten Blättern. Für uns also tabu diese Ecke!

Quito hat es vorgezogen, den Zwergen beim Hafenbauen zu helfen. Mit den Pfoten stupst er immer wieder begeistert die Schiffchen an. Boote kentern lassen gefällt ihm gut. Bis Fabian ihn wütend wegjagt. Zu Willi, der lieber fette Mäuse fängt wie ein normaler Campingplatz-Kater. Vom Eulensee hält er Abstand und beobachtet seinen Mini-Wasserfreund skeptisch. Überlegt er, wie er ihm Mäusefangen beibringen soll? Nee, Dicker, muss eher nicht sein! Als Quito mir hinterherläuft, trottet Willi ihm neugierig nach. Zu zweit starren die beiden vom Ufer aufs Wasser, wo die meiste Zeit nur noch unsere Haare zu sehen sind. Ob Quito sich etwa Sorgen macht um sein Finn-Herrchen? „Alles paletti, Quito!“, rufe ich ihm zu. „Miau! Miauuu!!“, antworten mir beide Kater. Warum kannst du nicht mehr mit mir reden wie in dem Traum? Quatsch, wir verstehen uns auch ohne Worte!

Am besten verstehen wir Kids uns später mit den Gästen von dem Aufkleber A am Auto. „Australien, ja?“, hat Fabian vermutet. „Quatsch, Fabi. Das ist Austria“, sagt Lukas.

„Weiß doch jeder“, gibt Fiona an. „Von Österreich sind die.“ Ach ja? A gleich Austria. Jetzt weiß ich ´s, Schwester. Danke! Vier Austria-Kids sind es. Aus der Nähe von Kitzbühel kommen sie. Das ist in Tirol.

„Da san mia dahoam, schau“, sagen sie uns. Heißt das, da wohnen sie? Da, wo die hohen Berge sind? Sie machen am Loch-Kies nur eine drei-Tage-Verschnaufpause auf der Fahrt an die Ostsee. Gut so, da ist es ja jetzt alles andere als gemütlich. Wir erzählen ihnen von unseren ärmsten sturmgeplagten Nordlichtern auf ihrer Orkaninsel. Der Sepi, der Flori, die Kati und die Lisi hören mit großen Augen zu.

Eigentlich heißen sie: Josef, Florian, Katharina, Elisabeth. Die Mädchen sind schon elfeinhalb und elfdreiviertel.

„Mia Buam san grad fertig mit der Volksschul“, sagt der Flori. Äh, was genau meint er? Die Grundschule natürlich. Hallo, willkommen im Club! Da sind sie auch zehn. Perfekt! „Bei ins hoaßt die Volksschule, schau“, klärt der Sepi-Josef uns auf. „Aber im Herbst gehörn mia in die erste Klasse zu den Großen.“ - „I geh ins Gymnasium“, sagt der Flori stolz. „Auch in die erste Baby-Klasse?“, kichere ich.

„Ja, freili!“, wundert sich der Flori. „Sagt ihr dazu anders?“ Die Vorstellung, der Finn ist ab übernächster Woche in der fünften Klasse, finden sie bärig. „Fangt ´s jetzt scho mit der Schul wieder an?“, fragt Lisi-Elisabeth.

„Klar, die Ferien sind vorbei. Leider.“ Wir schauen nicht begeistert, als die Tiroler sich freuen, weil es bei ihnen erst im September losgeht. Nach NEUN Sommerferienwochen. Hä? So was von ungerecht! Logisch, dass sie dann noch zwei volle Wochen Zeit für die Ostsee vor sich haben. Aber warum gibt es bei uns drei Wochen weniger Ferien?

„I ku dös genau erklärn“, sagt die Kati-Katharina eifrig. „Weil mia san nämlich scho viel schlauer als ihr, schau, und ham net so ´ne Menge zum Lernen.“ Hahaha! Wir verdrehen die Augen. Das könnte der Kati so passen, - schau!

„I-Qu?“, frage ich. „Ist die Abkürzung von Intelligenz-Quotient“, weiß meine kluge Schwester. „Wie hoch ist der bei dir?“, frage ich den Sepi neugierig.

„Wie hoch ist wer?“, will der wissen. „Na, dein Intelligenz-Quotient. So bei 145 garantiert“, grinst Fiona ihn an. He, warum reagiert er denn nicht? Ach so, die Tiroler Buam begreifen nix von IQ.

Dafür kriegen die Lisi und die Kati einen Lachkoller. Und wir erfahren: `I ku´ heißt bei denen einfach nur `Ich kann´. „I ku dös erklärn, schau!“ Die Lisi kichert albern. „Fremdsprachen müsste man können“, sage ich ganz cool.

„Sowieso!“ Da lachen auch die `zwoa Buam´ herzhaft mit.

„Mit ´ner Kuh, die Milch gibt, hat das jedenfalls nix zu tun“, stellt Fabian fest. Gelächter hoch hundert mindestens. Manno, zum Glück sprechen wir in unserem Kuhdorf stinknormal. Ein gepflegtes Hochdeutsch, wie wir es nennen.

Aber sonst sind diese vier Tiroler schwer in Ordnung. Bei denen in ihren Bergen müssten wir Winterferien machen. Richtig Skifahren lernen? „I ku gar net sagn, wie bärig dös wär, liabe Leut“, lacht die Kati. „Da lernt ´s glei so redn wie mia“, meint der Flori. Haha! Na ja, die Handynummern austauschen wäre schon mal gut, schlage ich vor. Auch die Mailadressen. Bevor sie nach Norden fahren in drei Tagen.

Wir toben im Wasser, bis die Lippen blau und die Hände schrumpelig werden. Dago und Quito verziehen sich ans Ufer bei unserem Geschrei. Auf dem Spielplatz suchen wir uns ein Plätzchen zum Aufwärmen. Wir hocken uns auf die Kletterpyramide, baumeln mit den Beinen und schauen den verschieden großen Libellen mit ihren schillernden Flügeln zu. Ganz nahe fliegen sie an uns vorbei, bleiben kurz auf der Stelle stehen wie Hubschrauber, schweben weiter, immer dicht überm Wasser. „San die schee mit denen durchschimmernden Flügeln!“, bewundert die Kati ihren Schwebeflug. „Schön? Ach so! Ja!“ Fiona nickt zerstreut. Ach, liebstes Schwesterlein! Für dich ist wer anders schön. Hihi! Bloß hat der keine Flügel. Sonst wär er jetzt hier bei seiner süüßen Prinzessin. Ich verkneife mir besser mein Bruder-Grinsen.

„Erzählt ihr uns von Tirol?“, bittet diese Prinzessin, ausnahmsweise mal nicht tussimäßig ohne ihren Prinzen samt Anhang. Gut so! Sami und Ali würden eh nix verstehen von diesem gewöhnungsbedürftigen Austria-Dialekt. Manno, kennen unsere neuen Freunde sich aus in ihrer Heimat!

Abwechselnd berichten sie von diesem Urlaubsparadies auf der anderen Seite der Alpen, keine halbe Autostunde hinter der Grenze nach Bayern. Überall findest du dort Brunnen, an denen kannst du trinken, so viel in dich reingeht. Oft steht sogar ein Schild dran: TRINKWASSER. Also keine Literflaschen Sprudel im Wanderrucksack mitschleppen. Genial! Müsste es bei uns auch geben!

„Alles Wasser hat bei uns Trinkwasserqualität.“ Aha! Ach so, der Vater von Kati und Sepi arbeitet beim Wasserwerk in Tirols Hauptstadt Innsbruck. „Wenn dahoam Besuch kimbt, wolln ´s sowieso fast alle an Wasser trinken, frisch aus dem Wasserhahn“, sagt die Lisi. „Wie bitte? Und das schmeckt eurem Besuch? Da prickelt doch überhaupt nix.“ Müssen wir Deutschen das verstehen?

„Schau, dös schmeckt uns feiner als eure tausend Mineralwasser, die wo immer in eurer Werbung kimmen. Machen die da ein Geschiss drum mit ihren dazugesetzten Spurenelementen!“

Die Lisi schwärmt vom allerbesten Wasser der Welt.

Das GRANDER-WASSER wird es in Tirol genannt, nach seinem Erfinder. `Belebtes Wasser´ soll das sein, weicher und feiner schmecken als normales Leitungswasser. Auch dem Körper besser bekommen. Viele Bäckereien backen ihr Brot mit diesem Grander-Wasser, damit es schön locker wird. „Die Mutter kocht nie den Kaffee und Tee ohne das gute Grander“, sagt die Kati. „Müsst des amal bei google nachschauen.“ Kann ich mir den Namen merken?

Ob unsere Eltern dieses Wunderwasser kennen? Sogar zum Gießen im Garten, beim Autowaschen und im Badezimmer hat alles Wasser die Qualität vom Trinkwasser, erfahren wir. „Wow!“, sagt Fiona. „Warum gibt es das bei uns nicht? Leckeres Trinkwasser in der Badewanne.“ Klar doch! Dann würde meine Schwester den ganzen Tag nur da drin hocken in ihrem Badeparadies. Hahaha!

„Das Wasser für die SCHNEEKANONEN ist auch Trinkwasser“, sagt der Sepi. Todernst sagt er das. Upps! Schneekanonen? Wie bitte? Die Lisi lacht: „Da schaut´s dumm, gell? Stimmt aber.“ - „Ihr schießt Schnee mit Kanonen?“ Wir schauen uns verdattert an. Der Sami würde jetzt sagen: „Kanone hat Kugel. Bumm-bumm! Nix Schnee. Kanone heiß wie Feuer, Schnee kalt wie Eis.“ Ich sage das laut.

Fiona kugelt sich vor Lachen. „Naa, dös san Kanonen extra für Schnee. Zum Skifahrn. Kapiert?“ Es dauert, bis wir das kapieren. Geduldig erklären uns die Tiroler, wie schon vor Winteranfang die wichtigen Pisten präpariert werden. Weil der wenige erste Schnee nie und nimmer ausreicht. An Weihnachten wollen die Wintergäste unbedingt schon auf die Pisten, dann muss also genug Schnee da sein. Sagt uns Flachlandtirolern der Name HAHNENKAMMRENNEN am weltberühmten KITZBÜHELER HORN nix?

Eher nicht wirklich, geben wir zu und werden verwundert angeschaut. Also, Finn Wellner, die zwei berühmten Namen auf alle Fälle schon mal gut merken für den Winter!

„Ja mei, unser eingefrorener Schnee ist halt besser als grüne Wiesen. SNOWFARMING nennt man das, wenn der Schnee übersommern soll“, verstehen wir.

Leuchtet auch dem Finn ein. Manno, ein Riesen-Aufstand. Wozu? He, ist doch sauerteuer, oder? Muss halt sein, um die Wintersaison zu sichern. Kein Schnee, keine Wintersportler. Und Tirol lebt zum großen Teil vom Tourismus. Mir brummt mächtig der Kopf bei so viel Wissen. Dann kommt noch so ′n Alpen-Scherz: Eingefrorener Schnee! Wie soll das denn bitteschön gehen? Denkste, Finn, nix Scherz! Am Ende des Winters wird der Schnee luftdicht verpackt, mit Isolierplatten abgedeckt. Darüber ein Vlies, das kein Regenwasser durchlässt und vor der Sonnenwärme schützen soll. Natürlich wird der Schnee nur an Stellen gelagert, wo auch im Hochsommer am allerwenigsten Sonne hinkommt.

Uns steht der Mund offen. Wenn in der nächsten Wintersaison in Deutschland irgendwo viel Schnee gebraucht wird, - wie für die große Schanze beim berühmten Skispringen im Sauerland, - wird dieser weiße Segen angeliefert von … „Echt? Das ist euer TIROLER SCHNEE? Kein Witz?“ Nee, Wahrheit pur! Das musst du dir mal praktisch vorstellen!

„Woher wisst ihr das eigentlich so genau?“ Fiona ist echt beeindruckt. „So was woaß mer, sowieso“, meint der Sepi. Logo, bei einem Fachmann-Vater, sozusagen.

Das sagt auch unser Vater später. Fiona und ich geben uns reichlich Mühe, uns dran zu erinnern, was uns diese vier so cleveren `Tiroler Wasserspezialisten´ alles gesagt haben. Klappt ganz gut zu zweit, loben wenigstens unsere Eltern. „Der künstliche Schnee wird aus dem Wasser von großen Speicherseen gewonnen", weiß Papa. „Diese Seen oben in den Bergen müssen speziell dafür gebaut werden. Das kostet sehr viel Geld, wie ihr euch vorstellen könnt." Können wir, oh ja. „In die größten gehen mehr als hunderttausend Kubikmeter Wasser rein", sagt Papa. Einfach so sagt er das, unser toller Papa. Wow! „Erstaunlich, wie prima sich bereits die Jugend auskennt in den Tourismus-Regionen", hängt dieser tolle Papa jetzt noch bewundernd hintendran.

Mama mischt sich ein: „Die leben ja stärker von den vielen tausend Wintersportlern als von den Wandergästen in der übrigen Jahreszeit. In manchen Orten gibt es ebenso viele Gästebetten wie Einheimische, habe ich gelesen." Uppsi, Mama! Auch hundert Extrapunkte? „Ja, falls der so wichtige Schnee zu lange wegbleibt, muss die Tourismusbranche sich einiges einfallen lassen. Und ´ne Menge Geld aufbringen für die Pisten und Rodelbahnen. Noch nix Weihnachtsschnee, noch nix Wintersportromantik." Paps runzelt die Stirn. Auch für ihn als Flachland-Tiroler ein schwieriges Thema.

„Bei eurem Gespräch wäre euer Vater sicher gerne dabei gewesen", vermutet Mama. „Lässt sich wohl nachholen. Erst übermorgen sind die Tirol wieder weg", sagt Fiona.

Mit großen Ohren hat Fabian uns zugehört. „Wasser ist flüssig, Schnee ist fest. Eis auch", murmelt er vor sich hin. „Zuerst fällt der Schnee schön weich vom Himmel, dann trampelt der liebe Fabi ihn ganz doll fest", necke ich mein

Brüderchen. „Und die groooßen Pistenraupen walzen ihn platt“, tönt Fabian. Aber hallo, woher weißt du das denn? Das gibt noch tausend Extrapunkte, Zwerg! Tja, über meine Familie kann ich manchmal echt bloß Bauklötze staunen!

„Miau, Herrchen!“ Quito springt von meinem Schoß.

Unsere Family-Diskussion haben Hund und Kater verschlafen. Klaro, die müssen ja nix kapieren. Was du wohl zum Schnee sagst, Quito? Vielleicht ist es dein erster? Ich sehe uns schon auf den zugefrorenen Pfützen rumrutschen. Dago ist erstaunlich fit auf Glatteis. „Wuff!“ Der Rüde kann Finn-Gedanken lesen. Er reckt sich, schaut zu mir hoch. Nur ein kurzer Pfiff. „Komm, Alter! Noch fix ´ne Abendrunde schwimmen vorm Einschlafen.“ Fabian und Quito wuseln uns eilig hinterher, bevor Mama sie zurückpfeifen kann.

Danach schlafen wir alle vier, - seewassersauberfrisch, - wie die Alpen-Murmeltiere im tiefen Winter.

Hättest du gewusst, was so alles dazugehört zum Thema WASSER? Sogar SCHNEE und EIS?

Eigentlich schon, ist ja völlig logisch, sagst du? Die sind doch auch bloß normales Wasser in fest. Ach, ja klar: Schneemannbauen und Schlittschuhlaufen und Eishockey, wilde Schneeballschlachten und Bobschlittenfahren, krass!

Ist der schlaue Finn Wellner aber erst bisschen später drauf gekommen. Das kennt er nämlich leider eher bloß vom Hörensagen, - wie man das bei uns nennt, wenn man was kaum selber erleben darf.

Ist sowieso irgendwie schwierig, sich alles vorzustellen, hier mitten im heißen Hochsommer. Und wann, bitteschön, hat ´s denn überhaupt noch genug Schnee und Glatteis in unserem Kuhdorf mit seinem absolut nur megalangweiligen Nieselregenwinter??

Ach ja, in genau wie viel Tagen ist wieder Heiligabend? Mit meterhohem Schnee?? Langen armdicken Eiszapfen??? Haha-haha!

Jetzt rechne du mal schön! Viel Spaß!

13. Kapitel: Badewannenrennen und Lounge-Sessel

„Warum bleibt ihr Tiroler nicht noch zum Wasserfest am Loch-Kies?“ Enttäuscht sehen wir zu, als am Freitagmorgen unsere Freunde ihre Campingsachen in dem blauen Kleinbus verpacken. Kennzeichen KB und der Aufkleber A. Mit dem roten Tiroler Adler und der Kitzbüheler Gams an der Heckscheibe. „Die wunderschöne Ostsee ruft schon laut“, schmunzelt der Vater von der Kati und dem Sepi. Dagegen ist unser Loch-Kies halt ´ne Miniminipfütze.

„Wir mailen uns.“ - „Klar! Wir schicken euch Fotos von den Kanonen und dem eingepackten Schnee.“ Kati und Lisi wedeln aufgeregt aus dem Autofenster. „Ich vermisse euch jetzt schon total.“ Fiona blinzelt heftig. „I a!“ ruft die Kati. Äh, ist das jetzt Eselsprache? Nee, nix Esel. Einfach „Ich auch!“, heißt das. „Pfiat enk, ihr alle miteinand!“ bedeutet so ähnlich wie „Behüte Gott euch alle!“, erklärt Paps …

und macht Kulleraugen. Direkt neben uns hält jemand. Kennzeichen M und silbergrau. „Fihinn! Faabiii!“

„Manno, wo kommt ihr denn her?“ Wir kriegen Suppentelleraugen. „Vom doofen, blöden Sturm.“ Ilka klettert aus dem Kindersitz und hält eifrig Ausschau. „Isser hier?“

„Äh, ist wer hier?“ Papa dreht sich suchend im Kreis.

„Quito?“, vermute ich. - „Wer wohl sonst, Junge.“ Conni reckt sich die steifen Knochen. „Zwei Wochen hören wir nix anderes. Stimmt ´s, Ilka?“ Der Krümel kichert. „Und - isser hier?“

Wir finden Hund und Kater nebeneinander am Wasser beim Trinken. „Warum willst du nicht zu Ilka, Quito?“ Cousinchen schaut genervt, weil der Kater ihr eilig vom Arm hüpft. „Er muss sich erst wieder an dich gewöhnen, Süße“, erklärt Mama Tina ihr.

„Bruderherz, wie erleichtert sind wir, euch heil wiederzusehen! Wie lange habt ihr Zeit für uns?“, fragt Papa. „Seid ihr die beiden Tage noch hier bis zum Wasserfest?“

„Wasserfest? Klingt hübsch nach ´ner Gaudi. Lässt sich das einrichten? Was meint der Familienrat?“ Hauke und Conni zwinkern sich zu. Tina lacht. „Falls wir uns für die zwei Nächte in eurem Haus und Garten einnisten dürfen?“

„Conni kann mit in mein Zelt.“ Uppsi! Hat das eben der Finn rausposaunt? Ohne Nachzudenken? Ich schnappe nach Luft. Warum eigentlich nicht? Sind ja nur zwei Nächte mit meinem Lieblingscousin. „Is gebongt. Passt scho!“ Conni grinst bis zu den Ohren. Wir klatschen uns locker ab.

„Ja, passt freili“, kann ich mir nicht verkneifen.

Später sitzen wir alle vorm Wohnwagen und lassen uns ausführlich berichten. Total spannend so ´ne Mega-Sturmflut auf der Insel! „War irgendwie unheimlich!“, gibt Conni zu. „Brauch ich nicht noch mal.“ Ilka streckt die Arme nach oben. „So soo hohe Wellen!“ Sie stellt sich hoch auf die Zehenspitzen. „Ja, und noch höher.“ Tina reckt sich neben ihrer Tochter auf.

Fiona schüttelt sich. „Das mitten im Sommer. Na, Prost!“ „Ja, für die Jahreszeit ist eine solche Sturmflut alles andere als die Norm“, sagt Björn ernst.

„Was ist schon noch normal an unserem Wetter?“, fragt Mama. „Wir sind heilfroh, weil euch nichts passiert ist auf der Insel und das Haus Störtebeker noch steht.“

„So ziemlich wenigstens.“ Björn seufzt. „Unser Opi muss schleunigst das Reetdach wieder überall dicht kriegen.“ „Huch! Hat ´s da voll reingeregnet? Echt?“ Ich schaue zu Conni. „Kann man so sagen“, meint der lässig.

„Omi Rieke hat viele große Schüsseln im Hausflur.“ Ilkas Gesicht glüht vor Aufregung. - „Mit Kartoffelsalat?“ Fabian guckt verwundert. „Oder mit Pudding?“ Fiona prustet los. Conni grinst breit. „Platsch!“ Er schnipst die Finger von oben nach unten. „Platsch-platsch! Genau mitten rein in Omis Kartoffelsalatpudding.“ - „Doofi!“ Fabian läuft erdbeerrot an, weil alle laut lachen.

„Es hat durchs Dach getropft.“ Mama nimmt ihn in die Arme. - „Ja, und wie! Alles war nur noch nass und eklig.“ Tina verzieht das Gesicht. „Immer bloß nerviger Regen und gemeiner Sturm. Der wollte gar nicht mehr aufhören. Kannst du dir das vorstellen, Fabi?“ Kann er nicht. Ich auch lieber nicht an unserem Sonnensee.

„Nur der Opi und der Papi durften raus. So doller Sturm überall. Wegpusten wollt der uns.“ Ilka breitet die Arme aus wie ein Flieger. Nicht mal mein tapferer Cousin durfte den Männern draußen helfen? Na, dann war ´s garantiert fies hoch zehntausend. War unser bisschen Gewitterregen ja Gold dagegen.

Das große Wasserfest-Wochenende macht tatsächlich jede Menge Gaudi. Superstimmung! Logisch bei Bombenwetter! Die Tages-Info neben der Anmeldung zeigt aktuell:

8:42. Luft: 22 Grad, Wasser:19 Grad. Wenn das nicht jede Menge Leute anlockt! Tausenddreiunddreißig Leute (mindestens!) lassen sich heute herlocken. Mitten im See schwimmt eine knallpinke Aufblasinsel, von der man sich prima runterschubsen kann. Fast alle aus meiner Klasse sind da. Jeder will meinen Wasserkater bewundern und ihn streicheln. Cousinchen passt das gar nicht. Dago auch nicht. Ihm wird das Gewühle deutlich zu viel. Kater Willi ist gar nicht erst rausgekommen in den Trubel. Mama und ich bringen unsere Vierbeiner zurück zum Zelt. Logisch muss Ilka mit.

„Hier habt ihr mehr Ruhe, ihr armen Kerle." Mama macht die Futternäpfe zurecht. Gierig stürzt Dago sich auf die Fleischbrocken. Ich lasse Quito runter von meinem Arm.

„Na los, dann hau schon wieder ab, Finn!", sagt Mama. „Wir zwei Mädchen bleiben noch eine Weile bei unseren gestressten Raubtieren." Super, Mamsi! Schwupp, bin ich weg. Will ja nix verpassen drüben am Steg.

Ein Wasserfest hat nicht nur tausend tolle Spiele im und am See auf Lager. Schon mal was gehört von Stehpaddeln? STAND UP PADDLING, sagt Lukas, heißt dieses Balancieren auf dem Brett. Macht voll Laune, wenn man dauernd ins Wasser platscht. Conni packt das besser. Muss ich üben, morgen, mit Max und Tom, wenn der Rummel vorbei ist. Um die zwei witzigen schwimmenden Sessel gibt es fast Streit. LOUNGESESSEL, so nennt Hannes die. Papa und er teilen immer zwei Kids ein und Schluss! „Wer den dicken Molli macht, darf von hier oben zugucken."

Das wirkt. Wer will schon zugucken bei dem Spaß! Die Dinger sind sozusagen kaum `umwerfend´. Draufklettern auf die Wackeldinger ist alles andere als easy.

Inzwischen ist es Punkt 12:35. Zeit für das leckere Grillwürstchen mit Pommes und viel Ketchup. Danach ist mal Ruhe vor Ilka-Mäuschen und Fabi-Nervensäge. Die sind mit anderen Minis eifrige Forscher. Samt Baby-Eimern und selbstgebastelten Lupen ziehen ein paar Betreuer vom Schwimmverein mit der Truppe los an den Kiesstrand, wo man auf kleinen Steinen flach in den See patschen kann. In durchsichtigen Schälchen beobachten sie ihre `Beute´. Wow! Was da alles rumwuselt an winzigen Wasserwesen! Mama und Tina freuen sich: „Erstaunlich, wie konzentriert unsere Zwerge bei der Sache sind. Die Lupen sind geniales Spielzeug. Das wäre wohl auch was für dich und deine Kumpel, Finn." Klaro wäre es das wohl. Neugierig sind wir auch auf diese tausend UNTERWASSERWINZLINGE. Nee, Mamsi, heute hat der Finn leider null Zeit für Babyspielchen. Morgen früh, ohne die hunderttausend Leute und die laute Disco-Musik. Heute müssen wir mitmachen beim fröhlichen `Quietsche-Entchen-Rennen´. Voll witzige knallgelbe Enten zum Aufblasen, mit großen orangen Schnäbeln. Zum Reinsetzen für den einen und schieben für den anderen. Zweimal rund um die rote Boje an der pinken Schwimm-Insel. Ohne ein einziges Mal Umkippen! Tom und der Finn werden lausige Dritte. Die strahlenden Sieger: Fiona mit Sami. Die Quietschente dürfen sie als ersten Preis behalten. Großzügig gibt Fiona sie an Samis kleine Schwestern ab. Unser Brüderchen verzieht dabei keine Miene, - oh Wunder!

Danach ist Zugucken Pflicht bei ein paar spannenden Vorführungen der Wasserrettung von drei Dörfern weiter.

Das BADEWANNEN-RENNEN der Jugend ist dann der absolute Knaller. Muss einer erst mal drauf kommen:

Sich in alten Badewannen übern See paddeln. Ohne damit abzugluckern. Zwei Leute schwingen wie die Wilden ihre Paddel. Zwei andere schöpfen möglichst alles Wasser raus, das andauernd durch die Öffnung reinläuft. Die Zuschauer klatschen ganz närrisch, - wie Conni das nennt, - und johlen vor Vergnügen.

Stark, was sich euer Camping-Team alles einfallen lassen hat für ihr geniales Wasserfest, sagst du? Stimmt hundertpro! Action hoch zweihunderttausend! Kompliment für die cleveren Organisatoren, sagt Onkel Hauke, und der muss es ja wissen. Also, ich und Tom, - sorry, Tom und ich, - finden am allercoolsten ... uppsi, - eigentlich alles! Aber warte, das Stärkste kommt jetzt gleich noch ...

14. Kapitel: Zwei super Wasserquiz-Kandidaten

Das angekündigte spannende Kinder-Quiz um 15:00 lockt uns ans Infogebäude, direkt neben RITAS EULEN-NEST. Die urige Camper-Kneipe. Campingplatz-Chef Hannes und seine Rita, bekannt als `die gute Seele der Eulen´, machen die Quizmaster. „Herzlich willkommen am berühmten Loch-Kies, pardon, am Eulensee! Wir begrüßen euch alle zu unserem WASSER-QUIZ!“, tönt es uns mikrofonlaut entgegen. Zwei freiwillige KANDIDATEN? Nee-nee, da hält der Finn sich mal raus. Erster mutiger Freiwilliger: Toms Schwester, die Tine. Schon zücke ich mein Handy für ein Star-Foto. „Wer tritt gegen unsere schlaue Tine an?“, dröhnt Hannes ins Mikrofon. Will ja wohl keiner mehr freiwillig. `Los, Finn-Schisser, trau dich!´, jault mir mein innerer Schweinehund los. `Pah, sollen sich andere blamieren!´, knurre ich ihn böse an. Und traue meinen Augen nicht: Buff! Unser Conni-Schlaukopf meldet sich als Kandidat zwei. „Der Conni von der Isar gegen die Tine vom Eulensee“, stellt Hannes die beiden vor. Wird das jetzt voll peinlich, oder was? Da sind wir aber mal alle mordsgespannt, Conni!

Auf „Los!“ geht ´s los! Die erste Quizfrage von der Rita: „Alles Wasser vom Himmel erreicht uns sozusagen per Wolken-Luftpost.“ Hannes zeigt hinauf zu schneeweißen Schäfchenwolken. Neben mir kichert Fabian: „Luftpost mit Wasserwolken, hihi!“ - „Sei doch ein einziges Mal still, Zwerg!“ Ich boxe ihn gegen die Schulter. Nee, ganz leicht natürlich nur, - reicht nicht für einen Fabi-Wutanfall.

„Jetzt wüssten wir gerne von euch, liebe Kandidaten Tine und Conni: Wie viele Liter Regenwasser sind schätzungsweise versammelt in einer noch gar nicht so großen grauen Wolke? Sind es zehn Kubikmeter oder fünfzig? Oder sind es sogar einhundert?“ Die Kandidaten schauen sich an. Beide holen tief Luft. Kubikmeter?? Upps, Finn, gewusst wie?

Hannes hilft: „Ein Kubikmeter, das sind umgerechnet eintausend Liter.“ Äh ja, sollte man das wissen am Ende von Klasse 4? Wird tatsächlich peinlich. Tja, Finn, jetzt weißt du ´s, halleluja! „Also sind einhundert Kubikzentimeter ebenso viel wie einhunderttausend Liter, richtig?“ Hannes wendet sich an die mäuschenstillen Zuhörer. „Richtig!“, tönt Onkel Haukes Stimme über die Köpfe weg.

„Ja, meine lieben schlauen Kandidaten, jetzt entscheidet euch bitte! Für zehn, fünfzig oder einhundert Kubikmeter.“ Hannes dreht sich zu der Flipchart um. Mit großen blauen Buchstaben steht oben auf dem Weiß: WASSER FÜR ALLE! Darunter gibt es die Zahlen-Auswahl zu den verschiedenen Fragen. Zur Frage eins steht da also:

10, 50 oder 100 Kubikmeter?

Tine und Conni sind sich einig: „Es sind zehn Kubikmeter. Mehr als zehntausend Liter Wasser passen gar nicht rein in eine Wolke.“ - „Stimmt genau!“ Das Publikum klatscht freudig. Rita guckt gen Himmel und ruft feierlich: „Es sind allerdings KEINE zehn, sondern hundert Kubikzentimeter, liebe Zuschauer. Es sind sogar satte hunderttausend Liter.“ Wow! Wer das glaubt! Großes Staunen ringsherum. Kein Punkt für die Kandidaten, leider. Um die Flipchart-Hundert malt Hannes in Rot einen hübschen Kreis mit einem dicken Ausrufezeichen plus traurigem Smiley.

Frage zwei klingt durchs Mikrofon, diesmal von Hannes: „Wir Menschen haben überall in unserem Körper Wasser. Nicht wenig Wasser. Gut verteilt vom Kopf bis zu unseren Füßen. Zu wie viel Prozent besteht der Körper aus Wasser? Sind es fünfunddreißig, fünfundsechzig oder fünfundachtzig Prozent?“ Puh, so fiese Fragen! Für ein Kinder-Quiz!

Conni überlegt nicht lange: „Sechzig Prozent.“ Tine kratzt sich die Nase. „Ich sage, es sind fünfunddreißig. Reicht doch, oder? Sonst schwabbelt ja der ganze Körper nur so rum.“ Fröhlicher Applaus beim Publikum. Hat Tine Recht? „Du bist ganz sicher, Tine?“, lacht Hannes. Unsicher nickt Tine. Aus der Menge hört man: „Es sind aber trotzdem fünfundachtzig.“ Conni guckt grimmig, weil Hannes begeistert zustimmt bei den fünfundachtzig Prozent. „Ja, Leute, wir alle tragen ziemlich viel Wasser mit uns herum. Ganze fünfundachtzig Prozent sind es. Gut verteilt überall.“

„Unser Pippi!“, tönt es neben mir. Der volle Lacherfolg. „Richtig, Fabian!“ Hannes zwinkert dem Kurzen zu. „Auch unser Herzblut zählt mit. Und jede dicke Kullerträne. Und hier ist schon meine neue hochinteressante Frage:

Wenn jemand einen Zentner wiegt, wie viel Liter Wasser sind dann in seinem Körper verteilt? Das ist unsere dritte Frage an die beiden mutigen Kandidaten.“

Tja, allzu mutig sehen die beiden jetzt gerade nicht mehr aus. Hannes lächelt ihnen aufmunternd zu. „Sind das dann zwanzig, dreißig oder etwa vierzig Liter Wasser? Und das bedeutet: Sind es zwei volle Zehnlitereimer, oder drei oder sogar vier volle Eimer.“

Er fährt mit dem Laser-Pointer auf den drei blauen Comic-Wassereimern an der Flipchart spazieren. Ratlos sieht Tine den Conni an. Der kämpft mit sich. „Vier!“, höre ich seine Mutter ziemlich deutlich flüstern. Sein drahtloser Telefonjoker? Beide Kandidaten sind irritiert. Wer ´s glaubt! Vier volle Wischeimer? Nee, kann doch nicht sein! Upps, stimmt aber. Tine läuft tomatenrot an. Noch kein einziger Punkt für beide Kandidaten. Dafür der rote Kreis um den Eimer mit der Vierzig. Daneben ein neuer trauriger Smiley.

Also doch peinlich. Hoch fünfhundert mindestens. Will Toms Schwester etwa aufgeben? Schon kommt Frage vier von Rita: „Wasser kann viele Farben haben. Mal ist es durchsichtig, mal weiß, auch manchmal bunt. Wir freuen uns nach fast jedem kräftigen Sommergewitterregen über den leuchtendbunten …“ - „Regenbogen!“ Das flutscht aus zwei Mündern gleichzeitig. Erster Punkt für jeden, hurra! „Hurra! Der Regenbogen ist richtig!“, bestätigt Hannes. „Bunter Regenbogen. Vom Gartenschlauch, hihi!“ Fabian hüpft aufgeregt neben mir rum. Doch Rita ist nicht fertig: „Wie viele Farben zählen wir bei einem solchen bunten Himmelswunder? Manchmal sind auch zwei besonders schöne übereinander. Zählen wir fünf oder sieben? Oder vielleicht neun dieser herrlichen leuchtenden Farben?“

Himmelswunder? Ach so, sie meint beim Regenbogen? Haha, weiß doch jeder, äh … „Sieben!“, rufen mehrere Münder gleichzeitig.

„Aber hallo! Punkte kriegen nur die beiden Kandidaten!“, grinst der Hannes ins Publikum. „Ja, liebe Leute, es stimmt jedenfalls mal wieder haargenau. Der Regenbogen hat schon immer und ewig seine sieben verschiedenen Farben.“

Logisch. Es heißt ja auch: die sieben Regenbogenfarben. Müssen Tine und Conni die jetzt etwa alle der Reihe nach aufzählen? Nee, das reicht für die zweiten zwei Punkte und den roten Kreis samt Lach-Smiley um die Sieben.

Und noch einmal sind Zahlen angesagt: „Jeder von uns verbraucht jeden Tag Wasser für alles Mögliche.“ Hannes stellt die Frage fünf. „Ohrenwaschen“, kichert Tom. „Und Füße“, tönt jemand.

Hannes grinst. „Dafür ist nicht allzu Wasser nötig bei den meisten von uns. Haha! Nein, Spaß beiseite, ihr lieben Kandidaten! Ihr sollt jetzt schätzen: Wie hoch ist der durchschnittliche Pro-Kopf-Wasserverbrauch? Also nur bei einer einzigen Person?“

„Mann oder Frau?“, fragt Conni. Rita lacht: „Eine hübsche und sicher völlig berechtigte Frage, Conni. Was meinst du, Hannes?“ Ihr Mann grinst verschmitzt in die Runde. „FRAU würde ich sagen. Alle einverstanden?“ Null Gegenstimme von den vergnügten Zuschauern. An der Flipchart stehen drei Zahlen zur Auswahl: 50 Liter, 80 Liter, 140 Liter.

Conni kaut auf der Unterlippe. Hast dir hübsch was eingebrockt, du närrischer Münchner-Bubi! Und das freiwillig. Da musst du halt jetzt durch, gell? Na, Conni-Schlaukopf, dös passt scho, du Armer, hihihi!

Tine ist sich ziemlich sicher: „85 Liter müssten es sein.“ Conni hält das für zu viel. Er tippt auf die fünfzig Liter, fünf volle Eimer. Das reicht doch für einen Tag. Und nachts muss man ja nix trinken, weil man da normal schläft, meint er. Mein cooler Lieblingscousin ist eher der Cola-Trinker. Simples Wasser ist ihm sowieso zu fad. Wird er das etwa hier laut verkünden?

Hannes nähert sich der Flipchart zum nächsten roten Kreis. Gespannte Ruhe. „Keine fünfzig, keine achtzig, nein, denn es sind circa einhundertvierzig Liter. Pro Kopf gibt das vierzehn Litereimer voll. Hättet ihr das erwartet?“ Hätte keiner?

Puh, gewaltig! Wieviel gab es für Papas Freund Paul am Kap der guten Hoffnung? Fünfzig Liter? Im Publikum allgemeines Gemurmel. Na, Leute, wer hätte richtig geschätzt?

Der Finn jedenfalls schätzt mal wieder nullkommanullnull richtig! Mehr als peinlich, oder?

Findest du diese Fragen auch total heftig für uns Kids?

Spaß machen sie trotzdem jede Menge, besonders den Großen. Glaub ich wenigstens. Die sind nämlich garantiert reichlich froh, weil sie nicht freiwillig als Quizkandidaten da oben stehen und sich vor versammelter Truppe blamieren dürfen. Na, du, pass auf: Gleich geht die Show noch weiter!

Wenn es regnet ist es sehr schön und es macht Spaß!

15. Kapitel: Skifahren in der Sandwüste?

Dann ruft Hannes: „Achtung, liebe Zuschauer! Denn hier ist bereits unsere Quizfrage sieben:
Ist es möglich, mitten in der heißen Wüste mit Skiern zu fahren oder Schlittschuh zu laufen?

Eure Antwort muss einfach nur heißen: JA! oder NEIN!“ Sollen diese ulkigen Strichmännchen an der Flipchart das bedeuten? Muss man erst drauf kommen. Tine und Conni zögern um die Wette. „Vielleicht, äh, eher … nein“, stottert Tine. „Da schneit ´s doch gar nie. Höchstens im Sand von den Dünen runter kann man da Skilaufen. Sommerskilaufen ist das dann halt.“

Hannes schmunzelt anerkennend. „Das leuchtet uns ein, nicht wahr?“ Tine strahlt erleichtert. Nee, Conni protestiert energisch: „Die stinkreichen Scheichs in heißen Wüstenländern, die lassen riesige Hallen bauen. Da drinne kühlt die Klimaanlage den Kunstschnee und das Eis auf der Schlittschuhbahn, rund um die Uhr. Nix taut weg. Hab ich ´n Foto in der Zeitung gesehen. Ehrenwort! Nix geflunkert, gell.“ Schnaufend beendet er seine beeindruckende Rede. Ob die auch Schneekanonen nehmen?, fällt mir dazu noch ein.

„Bingo, lieber Conni. Der Punkt geht an dich, denn du hast absolut Recht mit deinem schwerreichen Wüstenscheich“, lacht die Rita ins heftig applaudierende Publikum.

„In Holland haben sie auch so große Hallen. Weil … da sind ja null Berge“, ruft Tine aufgeregt. „Sogar Vierer-Lifte fahren da. Und Skilehrer gibt es. Und Skier plus Schuhe kannste dir ausleihen. In ′ner Holzhütte im Alpen-Look. Wir waren da im Urlaub letztes Frühjahr zur Tulpenblüte. In Zoetermeer sind die Hallen. Voll lustig, unter ′nem riesigen Dach Skifahren.“ Ich höre Tom hinter mir losprusten: „Mit Flutlicht statt bei Sonne.“ Tine winkt ihm fix mal zu.

„Auch Bingo natürlich, Tine und Tom!“, freut sich die Rita gleich weiter. „Die Niederländer lieben das Skifahren, am besten zu jeder Jahreszeit. Sogar wenn es in einer Halle stattfinden muss.“ Neben mir murmelt Papa nicht gerade leise: „Tja, gönnen wir jedem Land seinen Tick! Man muss halt nur das nötige Kleingeld haben für seine Extrawürste.“

Aus dem Publikum ruft jemand: „Ist da die weltweit größte Indoor-Ski-Ressort. Für dreihundertfünfundsechzig Tag in die Jahr. Wir niemals brauchen Brillen, auch nicht Mütze. Ist nix Schneesturm in Hallen. Wir müssen nicht tragen diese Helm. Dürfen trotzdem hüpfen über kleine Sprungschanzen. Wenn fertig Skifahren, du gehst schwimmen an herrlich Strand. Ist gleich ganz nah. Oder kannst fahren mit Rad durch unsere schön Land. Hast gelernt du Ski und Snowboard in die Halle bei uns in Nederland, kannst bald du fahren zu die Winterferien in hohes Gebirge.“

Hannes bedankt sich amüsiert `in de Hollandse taal′ bei dem eifrigen Niederländer. „Falls einer es jetzt unserer schlauen Tine immer noch nicht glaubt, guckt er einfach bei You Tube nach. Unter ZOETERMEER SNOW WORLD. Da gibt es an die hundert starke Fotos und sogar Videos."

Rita nimmt ihm das Mikro ab und reicht es weiter, denn ein zweiter Urlauber meldet sich zu Wort: „Falls jemand auch in Deutschland, sogar im Sommer, ohne Regen und Schneesturm Skifahren möchte: Bei uns im Ruhrgebiet, in BOTTROP, gibt es genau solche INDOOR SNOW WORLD, woll! Ob die auch Skikurse anbieten und in ´ner netten Almhütte zum Apres-Ski einladen wie in Holland, müsst ihr selber rausfinden, woll. Bloß so viel: Es handelt sich um die weltlängste Indoor-Abfahrt! Über 640 Meter Pistenlänge bei bester Pistenqualität. Mit einem Gefälle von 24 Prozent. Jede Menge Fotos gibt ´s dazu im Internet, woll!" Der Mann winkt stolz in die Runde und gibt Rita das Mikrofon zurück.

Tine glüht vor Freude. Sie hat also hundertpro Recht und auch einen Punkt verdient mit ihrem Holland-Urlaub. Die ulkigen Strichmännchen mit Skiern kriegen den roten Kreis und gleich zwei Extra-Lach-Smileys.

Weil es jetzt 3:3 unentschieden steht, hat der Quizmaster Hannes noch Frage Nummer Acht vor seiner spannenden Stichfrage. „Ein großer Laubbaum, zum Beispiel da drüben die Kastanie, braucht im Sommer reichlich Wasser. Wir müssen bei viel Hitze ja auch besonders reichlich Wasser trinken, um einen kühlen Kopf zu behalten. Ihr habt diese drei Zahlen zur Auswahl: Trinkt unser Baum jeden Tag seine 320 Liter oder 250 Liter oder 180 Liter?" Hannes zeigt auf die drei Eimer an der Flipchart. Die Kandidaten schauen sich kurz an, rufen gleichzeitig: „Zweihundertfünfzig." Hannes macht zufrieden seinen roten Kreis, denn diese Zahl stimmt perfekt.

Tine meint: „Soo viel Wasser für einen einzigen Baum? Wo kriegt der das denn her?“ Conni weiß es: „Gespeichert ist das. Tief in der Erde!“ Tine überlegt: „Wenn ′s aber mal ewig nicht regnet?“ Conni winkt ab: „Ach was, der hat doch sakrisch lange Wurzeln, gell.“

„Allerdings braucht unser Baum die auch“, stimmt Rita zu. „Und was lernen wir Menschen daraus?“ Neben mir schreit Tom los: „Nie mehr laut meckern über Regen!“

„Bravo, Tom! Auch für dich ist das ein dicker Extrapunkt!“ Hannes lacht dem Publikum zu. Applaus für Tom. „Siehste, Fabi-Regenmeckerbruder!“, lästere ich.

„Weil Regen sooo gut immer für großes Durst von große Baum“, ruft Sami. Extra-Applaus! Lachend hebt Sami beide Daumen.

Es steht jetzt 4:4. Gleich kommt vom Hannes die STICHFRAGE: „Was suchen die Astronomen, die im Weltall mit ihren gigantischen Fernrohren nach unbekannten Sternen Ausschau halten? Was suchen sie dort als Allerwichtigstes? Und warum suchen sie ausgerechnet besonders danach?“

„Überlegt ganz genau, liebe Kandidaten“, sagt Rita noch. Conni wischt sich fix den Schweiß aus den Augenwinkeln. „Suchen sie vielleicht ... nach WASSER?“, vermutet Tine. „Genau! Wasser!“, echot Conni hastig. „Weil ... das ist ja total wichtig für, ähm …“ - „Ohne Wasser kein Leben!“ Tine bringt es auf den Punkt. „Genau! Alles Leben kommt da nämlich her, aus dem Wasser“, setzt Conni noch eins drauf. Hauke und Tina hinter mir klatschen.

„Ja, Wasser dürfen wir als unser wichtigstes Geschenk Gottes ansehen. Als die Quelle allen Lebens.“ Feierlich sieht die Rita jetzt irgendwie aus, fast wie unser Pfarrer und die Uschi-Oma zusammen.

„Und das gibt es ganz umsonst. Vom Himmel. Habt ihr darüber mal nachgedacht, liebe Zuschauer?“, ergänzt der Hannes mit einem so ähnlich feierlichen Blick.

Beifall ohne Ende für beide Kandidaten und beide Quizmaster. Besonders fest klatschen Tina, Hauke, alle Wellners und Sami. Und das stolze Ilka-Schätzchen natürlich.

„Sehr gut gemacht, ihr zwei oberschlauen Kandidaten! Endstand, sagt die strenge Jury, - nach nochmals für jeden Kandidaten zwei Super-Punkte, - ist jetzt exakt 6:6 Punkte.“ Hannes verbeugt sich. „Danke für eure unendliche Geduld, liebes Publikum!“ Rita nickt strahlend ihre Zustimmung und steckt hellblaue Wasserfest-Plaketten an beide Kandidaten-T-Shirts. Hannes schüttelt Tines und Connis Hände.

Tja, Finn Wellner, du wärst als Wasser-Kandidat absolut unpassend gewesen. Gib ´s ruhig zu. Bin ich eigentlich stolz auf Conni Schlaukopf? Auch wenn der jetzt einen auf ganz cool machen will, wie er mit krebsrotem Kopf von seinem Vater auf die Schulter geklopft kriegt. Hat er sich ja wohl sakrisch verdient, gell? „Muss ihm einer erst nachmachen, dem Conni! War kolossal mutig von ihm, den Kandidaten zu bringen!“, meint der Lukas neben mir. „Ich würde da kneifen, statt mich einfach nur zu blamieren. Ganz ehrlich.“

„Haste doch, Luki, gekniffen“, stelle ich fest. „Hättest DU aber auch glatt geschafft. Mit links, jede Wette?“

Nachher soll es noch mal richtig zur Sache gehen auf dem Loch-Kies. Papa hat für uns zwei Tretboote reserviert und statt Fackeln kitschig-bunte Lampions besorgt. Denn sobald es dämmrig wird, steigt die PARADE DER TAUSEND SCHWIMMENDEN LICHTER über den dunklen Eulensee. Um Punkt 21:13 werden die tausend Fackeln und

Kerzen angezündet. Genau achteinhalb Minuten später `stechen wir in See´, wie Käpt´n Hauke das nennt. Einfach nur schön ist das, mit allen erleuchteten Ruderbooten, Schlauchbooten und den Tretbooten im Schneckentempo rauszufahren auf dem spiegelglatten Wasser. Wir zählen genau zweiundzwanzig Fackeln, vierundvierzig herzige Kitsch-Lampions. Unsere Zwerge kriegen sich kaum ein. Abendromantik! „Die Seele geht einem auf dabei, gell?“, seufzt Tina. Würde ich jetzt nicht gerade laut sagen, - aber sehe ich genauso, Tantchen. „Wie ich ihn liebe, diesen intensiven typischen Wassergeruch“, schwärmt Mama. Tief ein und aus atmen, mit Augen zu. Recht hat sie. So besonders riecht es nur hier am See. „Wonach riecht das?“, frage ich. „Nach allem, was da drinne so rumschwimmt“, meint Conni. Da hat er wohl genauso Recht. Wasser aus der Leitung riecht einfach nach nix. Weil da ja gar nix Riechendes drin rumschwimmt. Wasserpflanzen mit ulkigen Namen, Entenkackahäufchen, nicht mal Molchepippi und andere solche Stinkesachen. Gar nix Ekliges ist da halt drin im Wasserhahn.

Fabian fuchtelt mit der großen Stablampe rum und leuchtet den See ab. Jetzt kann es in echt jeden Moment auftauchen, gell? Wer? Na, Papsis Loch-Kies-Ungeheuer. Fiona flüstert Prinz Sami was ins Ohr. „Zauberfrau? Ungeheuer? Wo?“ Er nimmt Fabian die Lampe aus der Hand und hält den Strahl auf einen dunklen Fleck, hinter der Boje, kurz vor der Insel. „Aaaah!“ Aus mindestens fünftausend Kehlen tönt es erschrocken. „Und da steigt es heraus, das Ungeheuer, aus der finsteren Flut“, lästert Hauke. He, und was ist das jetzt? Etwas taucht auf, wird größer und heller. Wir halten die Luft an … und prusten alle gleichzeitig los. Ein Delfin schwebt über dem Wasser, dreht sich um sich selber und lässt zwei Arme erkennen. Aber nix vom langen Wassermonsterhals. „Wie schade!“, meint Mama. „Hätte ruhig die EULENNIXE sein dürfen.“ Ilka-Mäuschen bringt immer noch kein Wort raus. Sie starrt den Delfin an, der auf dem dunklen Wasser dümpelt, geschoben von … ey, das ist doch - Lukas!

Manno, dichtgehalten hat der Kerl! „Echt wunderschönes Wassermonster!“, brumme ich und muss trotzdem lachen.

„Schöner Delfin-Ungeheuer!“ Sami bringt auch unseren Krümel zum Kichern. Fiona, jawoll, die hat ´s ganz genau gewusst! So ´ne Hundsgemeinheit, Tussenschwester!

Beim Gute-Nacht-Sagen im herzig-kerzenhell leuchtenden Vorzelt hat mein Bruder noch eine Frage: „Du, Mamsi, wenn der Hannes und die Rita sagen, das Lebenswasser vom Gott gibt ´s umsonst, als Geschenk, warum müssen wir ´s dann bezahlen? Müssen wir doch, oder?“ He, die Frage hätte mir auch einfallen können. Ist sie aber nicht, lieber Finn.

„Eine kluge Frage, Fabi! Denkt mal nach! Was sagst du, mein Großer?“ Mama lächelt mir zu. „Weiß nich genau“, gebe ich zu und denke nach. Und zwar laut: „Wasseruhr im Keller, Wasserleitungen unter der Erde, Dreckwasser in der Kläranlage, Hochwasserschutz und so was alles. Gibt´s ja wohl nix davon umsonst, nöch?“

Mama nickt zufrieden. „Siehst du, Fabischatz. Jetzt kannst du dir vorstellen, warum wir regelmäßig auf der Wasseruhr ablesen müssen, wie viel kostbares Wasser wir an jedem Tag verbraucht haben, ja?“ Mir fällt dazu gerade ein, was die Tiroler erzählt haben. Bei denen verbraucht jeder an nur einem einzigen Tag ungefähr hundertfünfunddreißig Liter. Ob das stimmt? So viel? „Das kann durchaus möglich sein“, meint Mama. „Wir können uns ja mal schlau machen, wie hoch der durchschnittliche Verbrauch in unserem Land sein soll. Wäre doch sicher interessant zu vergleichen. Aber jetzt wird fix geschlafen, meine müden Wasserhelden!“

Müde? Aus dem Schlafsack neben mir höre ich ´s Brüderchen leise schnarchen. Hätte voll Bock, mit Papa, Hauke und Conni in Ritas Eulennest noch einen drauf zu machen. Im Klartext: Der Finn ist völlig aufgedreht. Ich sehe diesen ulkigen Delfin vor mir. Haha, wie sie sich alle erschrocken haben! Jaja, Leute, unser gruseliges Loch-Kies-Monster mit dem langen Delfinhals … Leises Platschen, - direkt neben meinem hellblauen Schlauchboot taucht es auf. In seiner gruseligen Wasser-Schönheit. „Fihiin ist jetzt zeeheen!“

Ein verlockender Nixen-Gesang weht leise über den See, bevor es untertaucht. „Bleib hier, Monster!“ Beide Hände greifen ins Wasser. Platsch! Hilfe!! Da ist was Weiches zum Festhalten. „Miau!“ - Hey, … wo bist du hin, mein Delfin?

„Miiiauu!“ Oh, Quito, was machst du hier im Wasser? Ach, Finn, was für ein bescheuerter Traum!

Du hättest diese Quizfragen fast alle richtig beantwortet? Hahaha! Das glaubst du selber nicht. Du hättest dich auch nicht erschrocken bei unserem Delfin-Monster? Glaub ich dir eher! Aber hättest du gedacht, wie fetzig so ein Wasserfest sein kann? Manno, ein Volltreffer-Tag!! Ehrlich, hab immer noch null Ahnung, was ich am besten fand.

Hättest du auch nicht gewusst? Habt ihr auch so einen Wasserfest-See vor eurer Haustür? He, dann lasst euch mal genauso tolle Sachen einfallen!

16. Kapitel: Mini-Eis-Tischtennisbälle

Kaum sind wir vom Camping zurück, geht ´s gleich heftig rund in unserem Kuhdorf. Die Münchner haben uns ihr Ilka-Mäuschen dagelassen nach dem Wasserfest. Zum Wochenende wollen sie wieder hier sein. Auf unserem Festplatz wird das große Zelt aufgebaut. Schon rollen die kleineren Feuerwehrautos an.

Es wimmelt von Helfern. Wir Kids hängen ständig dabei rum. So was Spannendes lassen wir uns nicht entgehen!

Am Freitagabend eröffnet unser Bürgermeister dieses ganz besondere Feuerwehrfest. Hundertfünfzig Jahre Freiwillige Feuerwehr. Ein JUBILÄUM also vom Feinsten.

Mit Fassanstich vom Herrn Bürgermeister, tausend langweiligen Reden und heftig zu lauter Vier-Mann-Band. Meine armen Ohren! Zum Glück ist Quito mir nicht nachgelaufen. Als endlich die Mega-Bierstimmung steigt, pfeift Mama uns Richtung Heimat. Voll gemein! Fiona darf noch bleiben, weil Sami und Ali auch noch bleiben dürfen. Ich drehe freiwillig die kurze Dago-Abendrunde. \`Schatten´ Quito natürlich immer dabei. Am Samstag bin ich schon Punkt 6:15 putzmunter. Dago wartet ungeduldig auf die frühe Häufchentour mit dem Finn-Ersatzherrchen und dem Katerfreund. Logisch, sind alle noch fest am Pennen, sogar mein Frühaufsteher-Bruder.

Eine Truppe Bierleichen torkelt uns rülpsend entgegen. Mitten auf der Straße. „Hi, Finnilein", säuselt der Köhler-Kalli mit glasigem Blick. Der wohnt vier Häuser weiter, ist normal total okay. Sein Saufkumpel stützt sich schwer auf ihn, verdreht die Augen, rülpst zweimal laut. Auf dem Grünstreifen neben dem Gehweg tummeln sich leere Flaschen, Glasscherben, Hähnchenknochen, Pommes-Reste. Eklig! Dago schnüffelt gierig. „Nix, Alter! Die solln ihren Scheiß hübsch selber fressen." Ich zerre unseren aufgeregten Rüden zurück. „Ist für Hunde voll bääh." Widerwillig lässt Dago sich mitlocken. Quito schnuppert, krallt sich fix ein Stück Hühnerkeule, trägt es uns hinterher, lässt es fallen, direkt vor der Hundeschnauze auf den Weg plumpsen. Ein gieriger Happs! Knirsch! Dagos Zähne machen kurzen Prozess.

„Ey, ihr Spinner! Was war das jetzt?" Mit Unschuldsmiene sitzen sie beide vor mir. Ich versuche vergeblich, ernst zu bleiben. Fällt mir echt schwer. Um das Festzelt machen wir einen großen Bogen. Warum den armen Dago noch mal in Versuchung führen?

Am Sonntagmorgen gehen wir zum Feldgottesdienst. Muss man, wenn man in unserm Nest wohnt, wo jeder jeden kennt. Sind wir der Feuerwehr schuldig. Mittags dann bei dem wunderbaren Jubiläumsfestzug, um Punkt 14:30, da marschieren Papa und Opa Stefan stolz mit. In ihrer braunen Feuerwehruniform, wie sich das gehört. Ob die sich kaputtschwitzen bei fast dreißig Grad? Im Schatten! Schwül ist es, da läuft einem die Brühe unterm T-Shirt den Rücken runter. Wohl eher lauwarme Mineralwasserflaschen machen die Runde. Ich hätte jetzt lieber ein Riesenglas von der Kati und der Lisi ihrem kühlen Grander-Wunderwasser, zum bei-der-Hitze-Lebendig-Bleiben.

Lukas ist das erste Mal dabei, in der Jugendfeuerwehr. Lustig sieht er aus im grünbraunen Arbeitsanzug mit der coolen Mütze. Wow, neben ihm marschiert … he, das ist Sami! Extralaut klatschen wir natürlich für unsere feschen Mädels. Am allerbesten sieht Fiona-Schwester aus. Ohne Angabe. Fast ein Jahr ist sie jetzt bei der Truppe. Da fing das an mit ihrem süßen Prinzen. Irgendwo bei einer Jugend-Freizeit an ´nem langen Wochenende.

Der ewig dauernde Festzug ist nicht übel. Vorneweg unser Spielmannszug und ein Feuerwehrfahrzeug. Marke `Asbach Uralt´! „Manno“, staunt Fabian. „Mit so ´nem Teil mussten die früher löschen?“ Max neben uns sagt: „Bis die da mal waren, wo ´s brennt, war nur noch ´n riesengroßer Haufen Asche übrig, garantiert.“

Mit hocherhobener Vereinsfahne marschieren die Feuerwehren aus den Nachbardörfern vorbei, und dazwischen die anderen Spielmannszüge und Löschfahrzeuge. Zum Schluss unser funkelnagelneuer Rettungswagen mit viel Tatütata. Dahinter die Polizei. Später am Festplatz dürfen alle Kinder eine Tatütata-Runde mit unserem großen Löschauto drehen. Fabians Augen leuchten wie an Ostern und Weihnachten zusammen. Die Uschi-Oma muss auch mitfahren. Wegen Ilka-Schätzchen. Unbedingt auf dem Beifahrersitz! Typisch!

Ich kenne das hier schon auswendig. Mit der Klasse waren wir an einem Vormittag bei der Feuerwehr. So genial hatte ich mir ein modernes Löschfahrzeug von innen nicht vorgestellt. Wenn der Finn erst mal so ´n krasses Teil lenken darf! „Tatütata, Finn!“ Uschi-Omas Augen strahlen. Sieht sie mir an, was ich gerade denke? Oh, schon fängt sie an zu singen: „Wo kriegt die Feuerwehr - das viele Wasser her?“

Fabian kichert: „Noch mal, Omalein. Sing noch mal!“ Also singt Omalein weiter: „Wo hat die Feuerwehr denn nur ihr Wasser her?“ Mein Bruder will sich kugeln vor Lachen.

Zusammen singen sie die dritte Strophe. Ach, Omalein!

Fahrer Christoph schaltet fix die Sirene ein. Auf geht´s! Tatütata! Als wir aus dem Dorf raus sind, tritt der Chris so richtig drauf aufs Gas. Tatütata!! Tatütataaa!!

„Das gibt nachher noch was.“ Chris zeigt auf die weißen Wolkenberge, die vor uns hochwachsen. „Ja, richtig so!“ Die Uschi-Oma nickt eifrig: „Die Feuerwehr braucht doch reichlich Wasser von oben. Sonst ist es kein Feuerwehrfest, junger Mann!“ Klaro, bei hundertfünfzig Jahren muss es extralaut Beifall donnern, denke ich mir.

„Gibt es wieder bösen Sturm?“ Ängstlich schaut Ilka zu dem Wolkengebirge vor uns auf. „Wie bei Omi und Opi?“ Omama tröstet ihr Mäuschen: „Natürlich nicht, Süße.“ Wenn du dich da mal nicht irrst, Omalein! Das denke ich besser auch nur. Ob Quito große Angst hat vorm Gewitter ohne sein Finn-Herrchen? Wird er den armen Dago trösten in seinem Versteck unter der Kellertreppe, wenn ´s da oben so richtig losbollert? Oder eher umgekehrt?

Auf dem Festplatz sind jetzt Wasserspielchen für Kids dran. Zielspritzen macht voll Bock. Max trifft die Löcher in der Torwand fast so gut wie ich. Und wir sollen durch den roten Geländetunnel kriechen, - auf Tempo. Da stellen wir uns ein paar Mal in der Schlange an. „Wo ist eigentlich Tom?“ Max schaut sich suchend um. Verreist? Familienfeier. Nee, echt? Hundert Minuspunkte an so ´nem megawichtigen Tag! Nix mit Tines Smartphone. Dafür hat Mama uns paarmal gefilmt. Finn und Max als zukünftige

Feuerwehrmänner. Stark! Nächstes Jahr dürfen wir in die Jugendfeuerwehr, alle drei. Tom logo auch.

Die Omama hat es eilig, mal kurz heimzugehen. Da geht das Finn-Herrchen mal mit und tröstet Hund und Kater. Beide kriegen sich kaum ein vor Freude, uns zu sehen. Wenn die wüssten, wie fix ihr böses Herrchen sie wieder allein lässt. Die Uschi-Oma ist kurz ins Bad verschwunden.

„Alles okay da drinne?“, rufe ich, weil sie dann ewig nicht wieder auftaucht. „Ich bin gleich soweit“, höre ich hinter der offenen Tür. Was macht sie? Vorsichtig peile ich um die Ecke. Da steht sie übers Waschbecken gebeugt, im Unterhemd, und hat beide Arme bis obenhin eingetunkt.

„28, … 29, … 30! Feeertig!“ Dabei hebt sie die tropfenden Arme langsam aus dem Wasser. Aber nix mit Abtrocknen! Nur rumschlackern, Bluse drüber, - das war´s schon.

„Ja, so ein kaltes Armbad weckt alle müden Lebensgeister wieder auf, das sag ich dir, Finn.“ Sie strahlt mich an und wandert auf und ab, das muss man nämlich hinterher. Sagt der Pfarrer Kneipp. Muss ich den kennen? Nee, aber gleich, denn sie erzählt mir, was dieser kluge Sebastian Kneipp, der gar kein Arzt war, vor vielen Jahren schon für die Medizin rausgefunden hat: Kaltes Wasser ist perfekt gegen fast alle Wehwehchen. Unsere Großmutter kann da mitreden. Früher hat sie öfter solch eine KNEIPP-KUR gemacht. Nein, Finn, doch nicht in einer Kneipe. Hahaha! Mit zweimal `p´. So richtig in einem Kneipp-Kurort. Jede Menge Leute lassen sich dabei jeden Tag vollgießen, mit eiskaltem Wasser aus einem Schlauch. Freiwillig! Vorm Frühstück watet man da schon mit hochgekrempelter Hose barfuß durch die vom Morgentau feuchtkalte Wiese. Tau-Treten, nennt man das. Wie ein Storch, erinnert sich die

Uschi kichernd. Gleich nach dem Frühstück gibt es dann in der Wandelhalle vom Kurhaus ein großes Glas Wasser aus der Heilquelle. Einfach köstlich! Und ja soo was von gesund!

„Gehn wir zwei dann gleich morgen früh mal im Wassertretbecken am See unsere Knie abkühlen?", freue ich mich. Die Uschi freut sich auch. Das kalte Waschbeckenwasser hat gewirkt auf ihre Lebensgeister. Ist das vielleicht auch für müde Finn-Geister? Nee, andermal. Heute sind die noch kein bisschen müde, meine Feuerwehrfest-Geister. „Das ist da im Tretbecken nämlich voll der Planschjux. Am meisten immer für Sami und Ali. Und für dich, Quito, stimmt´s? Wir sollen aber auf keinen Fall die Campinggäste stören. Die müssen in Ruhe Storch spielen. Gesetz vom Chef Hannes! Der macht ja auch den strengen Bademeister", kläre ich die Omama auf. Noch für Hund und Kater ein paar schnelle Streicheleinheiten und jedem zwei Leckerchen. Auf geht ´s, fixer als fix zurück ins Festgetümmel.

Ins Festzelt geht jetzt kein Apfel mehr rein. „Hier kriegste kaum noch Luft", stöhnt Mama. „Wie kann man da noch tanzen?" Drei Paare drehen sich vor der Bühne. Heute sind Schlager von früher dran. Gleich muss sie wieder mitsingen, die Uschi-Oma. Vollste Lautstärke: „Rote Lippen soll man küssen …" Ach, Omalein! Auf so was stehn deine Enkel halt nicht wirklich.

„Diese Hitze ist ätzend", stöhnt Papa und braucht einen kühlen Schluck. „Wie soll das Bier denn da kalt bleiben?" Der Opa wischt sich den frischen weißen Schaum von den Lippen. „Ein erlösendes Gewitterchen bräuchten wir."

Nee, brauche ich jetzt eher nicht. Denkste, Finn! Rumms! Ein Knall vom feinsten! Der bringt sogar die drei Musiker aus dem Takt. Rumms-Bumms! Gleich noch mal.

„Na sowas!“ Opa lacht zufrieden. - „Ich hab es geahnt.“ Schnell zieht Omama die zitternde Ilka auf ihren Schoß. „Mami!“ Unser Krümel heult los. Die Tina-Mami musste in München bleiben, so ′n Pech! „Ist gleich wieder gut“, sagt die Omama. Diesmal irrt sie sich kräftig. Da oben geht ′s erst richtig los. Genau zwölfeinhalb Minuten. Es blitzt und donnert, da fallen einem die Ohren ab. Dabei nützt auch Wolfgang Petry nix auf seinem Weg in die Hölle, Hölle, Hölle. Und wenn die Bässe noch so laut dröhnen. Ilka und Fabian sind leicht blass um die Nasen. Weicheier!!

Rumm-Bumms-Rumms! He, Schluss da oben mit lustig! Die Feuerwehr braucht Wasser, - kein Feuerwerk! Das war Freitagabend. Schon wieder denkste! Der Himmel legt erst richtig los. Es prasselt aufs Zeltdach wie nur. Lauter wird ′s und ... „Hagel!“, schreit die Uschi-Oma los. Ich schiebe mich durch zum Zelteingang. Buff! Kommen da TISCHTENNISBÄLLE geflogen? Ratzfatz ist die Wiese winterweiß. „Fällt Schnee!“, höre ich die Stimme vom Sami. He, genauso sieht ′s draußen aus. Dicke Hagelkörner türmen sich rund ums Zelt. Na super, Schneeballschlacht! Passt nicht so direkt zur Feuerwehr! Aber krass ist es trotzdem.

So fix, wie es gekommen ist, so eilig hat das Gewitter es, auch über Ziegenhausen und Ebersrode seine MINI-TISCHTENNISBÄLLE loszuwerden. Wir atmen auf. Schade, der Hagelschnee taut so fix weg wie Butter in der Sonne.

Staunend sehen wir zu, wie die eisigen Bällchen in unseren verschwitzten Händen kleiner und kleiner werden.

„Tischtennisbälle hoch hunderttausend“, sagt Max.

„Mindestens“, sage ich. „Noch ganze mehr viele“, sagt Sami. Fiona muss sich einmischen: „Falsch, Sami. Noch ganz viele mehr.“ - „Ganzes vieles Dank, Frau Lehrerin!“, lacht Sami zufrieden. Ich stecke meiner Schwester fix den Rest von dreimal Tischtenniseis hinten in den braungrünen Kragen ihrer Jugendfeuerwehruniform. Muss mal sein! Das voll hysterische „Igiiitt!“-Zicken-Gequietsche lohnt sich, mindestens hundertfünfzigpro! Grinsend zeigt Sami mir beide Daumen hoch.

Uff, bin ich geschafft!! Ist wohl logisch, sagst du? Stimmt! Dorffeste sind immer tausendpro cool. Und zweitausendpro Stress. Schöner Stress, nennt Papa das. Klar, bei dem Bierkonsum, hahaha!

Würde morgen früh gleich die neue Schule losgehen ...

Nee, du, das wär 's nicht wirklich, gähn!

Nee, denn ab Montag, also ab Sonntagabend, geht es mal erst noch anders zur Sache bei Wellners. Leider! Das glaubst du jetzt nicht? Lies halt weiter!

17. Kapitel: Finderlohn für King Quito?

Die Uschi-Oma bringt uns drei Kids nach Hause. Das kühle Bier schmeckt unseren Eltern und dem Opa nach der weißen Überraschung von oben doppelt gut.

„Wir gönnen es ihnen, nicht wahr?“, lacht die Omama. An der Haustür wartet Dago mit eingekniffenem Schwanz. „Habt ihr dolle Angst gehabt? Sorry, Alter, hast es eilig?“ Er saust zur Hecke, ist sofort zurück, hechelt nervös. Reibt unruhig seinen Kopf an meinem Knie. Ein paarmal kläfft er schrill, springt an der Haustür hoch, jault, kratzt an der Klinke. Fabian schnallt es zuerst: „Uppsi! Wo ist Quito?“ Wir suchen alle Räume ab, zuerst den Keller. Irgendwo im Haus muss er sein. Mama hat sämtliche Türen und Fenster zugesperrt. Vorwurfsvoll schaut Ilka in Dagos Augen. „Hast nicht aufgepasst auf deinen Freund, gell, du Schlingel?“ „Hat er, freili, Krümel! Pass mal einer auf bei so einem Energiebündel“, verteidige ich ihn, unseren braven Rüden. „Quito, komm raus aus deinem Versteck! Aber flott-flott!“ Kommt kein Quito. Im Garten suchen wir jeden Fleck ab. Rufen, pfeifen hundertmal. Fabi und Ilka kriechen durch die Hecke, ich klettere ins Baumhaus. Nix! Überall absolut Nullkommanull! Uschi-Oma läuft mit den Kleinen an der Hand die Straße rauf, ich mit Dago an der Leine die Straße runter.

Wir fragen die Nachbarn rechts, links, gegenüber, schräg gegenüber. Nix hoch tausend! Fabian schluckt tapfer sein Wutbrüllen runter und Ilka ihre Kullertränen, weil die Omama beide Zwerge tröstend an sich drückt. Hallo, und wer tröstet das Finn-Quito-Herrchen? Ich lege meinen Kopf an Dagos Stirn. „Heulen hilft nix, Alter“, nuschle ich in sein linkes Ohr. Er leckt meine Nase ab. Das hilft auch nur ein bisschen.

„Wo kannst du kleiner Ausreißer bloß stecken?“ Die Omastimme klingt wacklig. „Wo sollen wir noch weitersuchen?“ Fabian reibt sich die Augen. „Er is weg, ja? Findet er allein zurück, Finn?“ - „Weiß nich.“ Was soll ich sonst sagen?

Ich wälze mich die halbe Nacht rum. Jede Viertelstunde gucke ich auf meinen Radiowecker. Dreimal schleiche ich ins Bad wie Huibuuuh, das Nachtgespenst. Kippe Zahnputzbecherweise kaltes Wasser in mich rein. Irgendwann träume ich. Bin am See. Nee, auf dem See. In meinem himmelblauen Schlauchboot. Mit beiden Händen paddle ich vom Kiesstrand weg. Mitten in der Nacht muss es sein. Nix zu sehen, kein Silbermond, keine Glitzersterne. Über mir, da flattert was. Eine Fledermaus? Eine Eule? Die schwarzen Nachtraben? „Miauu!“ Ich drehe den Kopf mit einem Ruck. Das leichte Boot kippelt. Platsch! Über meinem Kopf schlägt eiskaltes Wasser zusammen. Ich boxe um mich, kriege was Weiches zu fassen. „Miiiauuu!“ Prustend tauche ich auf, halte mit beiden Händen den triefenden Kater umklammert. „Quito, wo warst du?“, japse ich. „Schwimmen, Herrchen. Miau! Miauuu!“

„Mach das niiee wieder! Überall suchen wir dich.“

„Suchen? Darf dein Quito nicht schwimmen, Herrchen?“ Er fängt an zu zappeln. „Loslassen! Miaauuu!“ Hallo, was soll das? Bleib hier, Quito! Ich kriege das Schlauchboot zu fassen. Mittendrauf hockt mein Kater. Die Bernsteinaugen glänzen in der Dunkelheit wie winzige Lichter. „Mach ´s gut, Finn-Herrchen!" Mit einem Sprung taucht Quito weg ins Nachtschwarze. Schwimmt von mir weg. Einfach so. „Bleib hier, Quito! Bitte!" Ich kralle mich fest, will mit dem Boot hinter ihm her. Wo ist er hin?

„Quito! Quiiitooo? Wo bist du?"

„Alles wird gut, Finn." Das ist Mamas Stimme. Wie kommt die hierher an den See?

„Mach dir keine Sorgen, mein Schatz! Wir finden Quito." Sie gähnt und streichelt meine Haare. „Schlaf weiter. Es ist erst vier Uhr." Ich will den Traum zurückholen. Mein Kopf ist leergefegt. Beim Montagsfrühstück schwingt Fiona große Reden. Wieso Quito überhaupt raus konnte bei fest geschlossenen Türen und Fenstern. Dago spitzt die Ohren und legt den Kopf schief. Warum kannst du nix sagen, Hund? Weißt doch alles. „Wir müssen Fotos verteilen", schlägt meine Schwester vor. „Jawoll! Wer hat unseren Quito gesehen, schreiben wir drunter." Fabian zappelt aufgeregt „Weit kann er doch nicht sein", nuschele ich und habe meinen Traum wieder ganz deutlich vor mir.

„Wenn einer den Quito entführt hat?" Entsetzt starre ich Ilka-Cousinchen an. „Wie kommste denn auf so ´nen Scheiß? Guckste etwa schon solche Krimis, Krümel?"

Fabian kreischt los: „Kater-Kidnapper. Für Lösegeld. So ´ne Gemeinheit!" Mama hebt die Hand. „Nun mal langsam und der Reihe nach. Entführt wurde Quito ganz sicher nicht. Bestimmt ist er beim Gewitter und dem lauten Hagel total in Panik geraten und wollte sich verstecken im Dunkeln." „Das könnte stimmen, Franzi. Ich schlag deshalb vor, ihr trommelt eure Freunde zusammen und schwingt euch auf die Räder. Sucht die ganze Gegend gründlich ab. Fabian, du schaust dich mit Ilka im Garten um. Wenn ihr den Ausreißer nicht findet, starten wir eine Foto-Aktion." Unser Vater hat gesprochen. Ich atme tief durch.

Fiona greift sich ihr Smartphone. Ruckzuck ist klar: Sami und seine Geschwister sind dabei. Dann kann ´s ja losgehen. Fabian bekommt seinen Spezialauftrag Er wird die Telefonzentrale bei Wellners besetzen. „Sobald du das Klingeln hörst, saust du hin und meldest dich mit GEHEIMCODE QUITO. Fabian Wellner am Apparat. Schaffst du das?" „Und wie, Papsi!" Der Zwerg wächst einen halben Meter und wiederholt stolz: „Geheimcode Fabian Wellner. Quito am Apparat. Äh, .. war verkehrt. Noch mal!"

„Geheim-Quito-Code Fabi", murmelt Ilka-Mäuschen ein paarmal vor sich hin.

Mama macht mit dem Daumen ihr `Nun-haut-schon-ab´-Zeichen, bevor wir losprusten. Nee, nee, die Sache ist zu dramatisch zum Auslachen. Wir treffen uns alle draußen am Steg. Auch Lukas ist dabei. Sind ja noch Ferien. Er übernimmt das Kommando: „Tom, Max, Finn, ihr klappert die Gegend um den Campingplatz und den See ab. Fragt Hannes und Rita. Die kennen Quito ja gut. In einer Stunde ungefähr sind alle Mann wieder hier."

Nach genau einer Stunde fünfunddreißig Minuten geben wir auf. Keine winzige Spur von meinem pechschwarzen Kater mit den weißen Pfötchen und dem hellen Fleck auf der Brust und zwischen den Augen.

Der Kloß in meinem Hals wird dicker. Wie ein Häufchen Elend lasse ich die Schultern hängen.

„Verdammte Mistkacke aber auch!" Max versucht mich aufzuheitern. Lukas springt vom Rad. „Nix?" Sieht man mir doch an, oder? Er tippt auf dem Handy rum. Auch Fionas Leute melden nix Neues. Keiner von uns hat Lust auf eine Runde schwimmen. Ich gammle in meinem Zimmer rum, lenke mich mit Musik ab, fühle mich wie ein Jammerlappen. Mama, Fabian und Ilka scheuche ich weg. Ich will keinen, der mir mit blöden Trostsprüchen bloß auf den Geist geht. Ich schlafe sauschlecht, träume wieder von Quito. Wieder vom Wasser. Kann mit ihm reden. Wache auf, - schwupp, weg ist Quito.

Der Dienstag schleicht vorbei wie eine Weinbergschnecke mit ihrem Haus. Mama druckt ein Foto von Quito aus. Fiona schreibt in ihrer Superschrift darunter:

WIR SUCHEN QUITO! Bitte melden bei: FAMILIE WELLNER, Kastanienweg 7. FINDERLOHN garantiert!!

Sie malt das Fiona-mäßig filzstiftbunt dick über. Sieht echt nach was aus, Schwester! Mama druckt mal fünfzehn Farbkopien. Überall im Dorf locken die jetzt Finderlohnabholer. Auch in Ziegenhausen, nur drei Kilometer von uns weg.

Am Mittwoch um Punkt 8:18 kaue ich an meinem Toast mit Kokosmandelcreme rum. Die Haustür wird aufgerissen. Fiona poltert in die Küche. Zerzauste Locken, Rotbäckchen, leuchtende Augen. „Sami ...“, schnauft sie. „Quito!! Der Onkel!“ Stop! Noch mal zum Mitschreiben! Mama drückt Fiona auf den nächsten Stuhl. Und ich höre die großartigste, nee, die wunderbarste, die allergrößte Nachricht in meinem ganzen zehnjährigen Leben:

Sami, Ali und ihre Geschwister haben Onkel Mohammed besucht, ein Dorf hinter Ziegenhausen wohnt der. Wer saß da mitten auf dem Tisch? Als absoluter King! Wir fassen es nicht! Ist unser verrückter kleiner Bursche exakt seine 6,5 Kilometer gelaufen.

Ich muss zehnmal tief durchatmen. Warum, Quito??? Warum bloß? Du gehörst doch hierher, zu deinem Finn-Herrchen! Ich schlucke, allerdings eher vor Glückskullern im Bauch. Wie soll ich sauer sein? Jetzt bist du ja wieder aufgetaucht, mein kleiner tapferer Kämpfer.

„Quito hat sich mächtig erschrocken bei dem Festradau", vermutet Mama. „Ja, bestimmt! Und dann der scheußliche Krach vom Donner und Hagel." Fiona ist immer noch außer Puste vom wilden Radfahren und vor lauter Aufregung.

„Erstaunlich, was für Strecken Katzen zurücklegen können in ihrer Panik", bewundert Mama meinen echt erstaunlichen Kater. „Aber jetzt isser wieder da, hurra! Und gleich noch dreimal hurra!" Fabian hält beide Daumen hoch und strahlt wie der Vollmond. Na gut, DA isser eher noch nicht, aber wenigstens wissen wir, WO wir ihn abholen können.

„Hättest ihn ja mitbringen können. Eigentlich!", sage ich zu Fiona. Uppsi! Daran hat sie vor Begeisterung gar nicht gedacht. Gut so, findet Mama. Dann können wir den Finderlohn nämlich gleich abliefern bei Samis Onkel. Erst sagt sie mal ihrem Björn-Schatzi gleich Bescheid an der Arbeit.

Entwarnung, grinst sie. Logisch freut der sich mit uns. Weil das Auto mit Papa weg ist, - ähm, - Papa mit dem Auto, müssen wir die Strecke mit den Rädern schaffen. „Klappt das? Fabi, auch bei dir?", fragt Mama. „Oder schicken wir euch Große alleine los?" Empört stemmt der Kurze beide Fäuste in die Seiten. „Spinnst du? Bin ich das Weichei, he? Ohne mich holt ihr keinen Quito! Kapiert?" - „Na, klasse. Da brauchen wir ja hundertfünfzig Jahre", grummle ich.

„Aber hallo, Finn-Herrchen! DU sei mal einfach dankbar, weil du deinen WUNDER-KATER heil zurückbekommst."

Mein Schwesterchen funkelt mich an.

„Na, los! Worauf wartet ihr, Leute?“ Ich springe von der Eckbank auf. „Quito, wir kommen!“ Bellend rennt Dago vor uns her. Ahnt er, wohin wir so eilig strampeln? Wieso hatte ich dauernd diese dämlichen Wasserträume von Quito??? Wo er doch gar nicht Richtung See weggelaufen ist. Hat jetzt das verflixte Wasserthema den Finn Wellner schon voll im Griff?

Willst du noch wissen, wie wir unseren FINDERLOHN einfach nicht loswerden bei Samis Onkel? Nix zu machen! Tja, unsere schlaue Mama hat mal wieder eine ihrer deutlich besseren Franzi-Ideen:

Es gibt ein großes, nee, großartiges Samstagnachmittag-Gartenfest, bei uns natürlich. Mit Samis Leuten und unseren Großeltern sind wir genau zwanzig Nasen. Quito und Dago eingerechnet, logisch. Lukas nicht, der taucht erst auf vom Fußballturnier, als das Grillfleisch (vom Rind, klaro!) fast alle ist.

Als dann Punkt 18:39 ein Platzregen loslegt, mit Graupelschauer vom Feinsten, sitzen wir unter der Markise alle ganz dicht zusammengerückt und lachen den Schauerregen aus. Bis die Sonne sich nach genau zweiundzwanzig Minuten wieder raus wagt aus ihrem Wolkenbett, wie die Omama es nennt. Du, übrigens diese IRAKER, die sind allesamt so was von - naja, einfach nett, immer lustig und total gut drauf! Nicht bloß ihre bildhübschen Kinder. Diese Farah ist mit Abstand am tollsten! Nee, nee, nicht was du jetzt denkst.

Fiona und unsere Mutter wollen den Kids beim Deutschlernen helfen. Fionas Idee! Ich staune direkt Bauklötze über meine wunderschöne Zickentussenschwester, die absolut okay sein kann, eigentlich. Wenn sie will halt.

Tja, Quito, ohne dich frechen, süßen Ausreißer würden die Wellners jede Menge verpassen! Findet nicht bloß unsere Uschi-Oma, logisch!

Klaro wird Tines Quito-Video in unserer neuen Klasse der Sommerferien-HIT. Sogar der Rupert Franze, unser neuer, tatsächlich voll cooler Lehrer, ist begeistert: „Das sollten wir glatt einschicken beim Fernsehen.“ Hat selber zwei Katzen. Nee, eigentlich hat er seinen feinen Rottweiler-Hund, den Bingo. Die Katzen Kit und Kat haben seine beiden Jungs. Aber nur der Kit-Kater vom Robby mag auch Wasser.

Gleich unser erstes Thema in Sozialkunde heißt:

WIE HUND UND KATZE.

„Das Motto: WIR LEBEN FRIEDLICH MITEINANDER“, erklärt der Franze. „Denkst du, Finn, du kannst uns deine beiden braven Raubtiere dann mal mitbringen?“

„Wow! Voll krass!“ Tom reißt die Arme hoch „He, Finn! Der wird berühmt, dein SUPER-QUITO!“

Ich kann bloß heftig nicken vor Aufregung und Stolz. Das gibt die QUITO-DAGO-SHOW!

Kannst es dir vorstellen, wie wir uns drauf freuen? Logisch mailen wir das sofort nach Tirol, damit unsere vier Freunde sich mit uns freuen. Ob wir im Winter dahin fahren zum Skilaufen? Wäre genial!! Dann machen Opa und Uschi-Oma die Katzen- und Hundesitter. Haben sie fest versprochen. Winterurlaub ist eher nix für lebhafte Wasserkater. Quito kullert womöglich vom Berg runter. Als kleine Lawine!

Zuerst freue ich mich noch auf München. Wieder mit Conni ins DEUTSCHE MUSEUM. Was die da wohl haben zum WASSER-THEMA? Du kennst das alles schon?? Na, super!

Tja, du, das war ´s für diesmal wieder! Hoffe, du hast jetzt genug zum Lesen. Und zum Drüber-Nachdenken? Über dieses mega-spannende Wasser-Thema, logisch!

Wer weiß, vielleicht gibt ´s ja bald mal was Neues?

Von deinem FINN!

Ich mag dich...
Schönes Wetter!

NUR KURZ ZUM SCHLUSS:

Wusstest du vom WELTWASSERTAG?

Der ist am 22. März. Jedes Jahr. Schon seit 1992, seit mehr als fünfundzwanzig Jahren! Da fand in Rio de Janeiro die UN-WELTKONFERENZ statt über Umwelt und Entwicklung. Warum damals ausgerechnet der 22. März festgelegt wurde? Keine Ahnung. Vielleicht, weil Wasser zum Frühlingsanfang richtig gut passt?

Es hat ihn tatsächlich verdient, unser Wasser, das wir kurz H_2O nennen. Immerhin ist die Erdoberfläche zu etwa zwei Dritteln mit Wasser bedeckt.

Davon sind allerdings nur ganze drei Prozent Süßwasser.

Kaum zu glauben? Oh ja, da hast du Recht.

Für uns ist Süßwasser DAS LEBENSELIXIER!

Das mit den drei LOS am Ende:

FARBLOS – GERUCHLOS – GESCHMACKLOS.

Wusstest du, dass Wasser nicht nur unsere Konzentration und Leistungsfähigkeit verbessert, sondern sogar unser Hautbild? Wer möchte nicht gerne seine Haut jünger und frischer erscheinen lassen?

Wasser reguliert nämlich sämtliche wichtigen Vorgänge im Körper aller Lebewesen.

Unsere Zellen versorgt es mit Mineralstoffen und Spurenelementen. Es regt unseren Stoffwechsel an, schwemmt Schadstoffe aus und beugt sogar vor gegen Verstopfung.

Kein Wunder, wenn wir es nur drei bis vier Tage ohne Flüssigkeit aushalten können.

Die liefern uns aber nicht bloß alle Getränke, - am besten zwei bis drei Liter am Tag. Bis zu einem Liter sollten wir täglich auch ESSEN.

„Essen? Wieso?“, wunderst du dich? Na, denk mal daran, wenn du in einen saftigen Apfel, Birnen oder Orangen beißt. Und wenn du eine Gurke isst. Auch grünen Salat. Oder Spargel. Da fällt dir noch mehr ein, stimmt ´s?

Tja, du mein lieber Leser, - dann mal
PROST WASSER!!

Deine Gunhild Thalheim

Am 22. März 2018

Die 17 hübschen Zeichnungen zum Thema WASSER haben sich diese kleinen Waidringer Künstlerinnen ausgedacht:

Marie Flatscher	*Seite 25*
Katy Födermair	*Seite 6, 83, 110, 117, 142*
Sarah Huber	*Seite 33 und 72*
Catalina Kobusch	*Seite 40, 52, 59, 66, 133*
Lucia Nieuwenburg	*Seite 14, 86, 152*
Elisabeth Schlechter	*Seite 124*

Lucia

Katy

Marie

Als Fortsetzung zu Finns erster Geschichte „Ohne Strom nix los?“ ist dieses Wasser-Buch entstanden. Gunhild Thalheim hatte wohl kaum damit gerechnet, wie spannend sich dieses so wichtige Thema entwickeln würde. Seit 2007 lebt die ehemalige Grundschullehrerin in Tirol. Mit dem dort `garantiert allerbesten Wasser der Welt´ hat Gundi immer neue Ideen zu weiteren lustigen, meistens fantastisch-verrückten Texten. Für ihre Leser von ungefähr 5 bis 88 Jahren, zum Vorlesen, Selbergenießen und auch zum Nachdenken.
Mit dem Re Di Roma-Verlag ist dieses bereits ihr stolzes 13. gemeinsames Kinderbuch.

Gunhild Thalheim, Jahrgang 1944, schrieb ihr erstes Kinderbuch `Segelsommer mit Angelika´ bereits vor vierzig Jahren, damals im Werra-Meißner-Kreis.
Seitdem fallen ihr immer neue, oft recht fantasievoll-lustige Geschichten ein, für Kinder, aber auch für junggebliebene Erwachsene.
„Ohne Strom nix los?“, ihr vorletztes Kinderbuch, war das zwölfte im Rediroma-Verlag.
Die Idee dazu kam an einem Frühlingssonntag 2017
mit mehrstündigem Stromausfall.
Seit über zehn Jahren lebt die ehemalige Grundschullehrerin in Tirol. Ihre drei Kinder und die drei Enkelbuben sind ihre kritischsten Leser und Zuhörer.